EU ODEIO COZINHAR

CIP-BRASIL. CATALOGAÇÃO NA FONTE
SINDICATO NACIONAL DOS EDITORES DE LIVROS, RJ

B812o

Bracken, Peg
Eu odeio cozinhar : receitas fáceis para quem tem mais o que fazer / Peg Bracken ; tradução Cinara Cristina Mendonça Ferreira ; [ilustrações Hilary Knight]. - 1.ed. - Campinas, SP : Verus, 2011.
il. ; 21 cm

Tradução de: The I Hate to Cook Book
Inclui índice
Anexos
ISBN 978-85-7686-145-4

1. Culinária. I. Título.

11-5344 CDD: 641.5
CDU: 641.5

Peg Bracken

EU ODEIO COZINHAR

RECEITAS FÁCEIS PARA QUEM TEM MAIS O QUE FAZER

Tradução
Cinara Cristina Mendonça Ferreira

1ª edição

VERUS editora
Grupo Editorial Record

Título original
The I Hate to Cook Book

Editora
Raïssa Castro

Coordenadora Editorial
Ana Paula Gomes

Copidesque
Anna Carolina G. de Souza

Revisão
Ana Paula Gomes

Capa e Projeto Gráfico
André S. Tavares da Silva

Ilustrações
Hilary Knight

VERUS EDITORA LTDA.
Rua Benedicto Aristides Ribeiro, 55
Jd. Santa Genebra II - 13084-753
Campinas/SP - Brasil
Fone/Fax: (19) 3249-0001
www.veruseditora.com.br

GRUPO EDITORIAL RECORD
www.record.com.br

Esta edição é dedicada a
John Ohman,
o amor da vida da minha mãe.
O que posso dizer, além de "obrigada"?

– Jo Bracken

Sumário

Prefácio

– Jo Bracken*

Quando minha mãe escreveu *Eu odeio cozinhar,* em 1960, o mundo dela tinha pouquíssimas horas, não havia dias que bastassem nem tempo suficiente. Para conciliar o trabalho em tempo integral de escritora, mãe e esposa, ela escrevia das quatro às nove da manhã, um hábito que carregou consigo até seus "anos dourados", como ela os chamava, rindo.

Minha mãe se foi em outubro de 2007. (Ah, ela detestaria que eu usasse essa frase. Usar duas palavras quando uma é suficiente, não ser direto em um diálogo, não era uma coisa com a qual minha mãe concordava. Posso até ouvi-la: "Johanna, não enrole. Eu morri. Diga isso!") Ao deixar este mundo, ela nem imaginava que, embora muitas coisas tenham mudado, o que deu origem aos conceitos deste livro continua praticamente igual ao que as mães enfrentavam em 1960.

É verdade que agora seu marido talvez cozinhe com a mesma frequência que você (é o que acontece em casa). E, graças ao meu *smartphone*, iPod e aparelho de DVD, consigo fazer quatro

* Jo Bracken é uma empresária aposentada que dedica grande parte de seu tempo e recursos a várias instituições de caridade, trabalhando com presidiários e presidiárias, apoiando santuários para primatas por todo o país e atuando na diretoria da filial local da Cruz Vermelha. Ela e o marido vivem em Long Beach, na Califórnia, com dois cães e quatro gatos.

coisas ao mesmo tempo (e me sentir culpada por não estar prestando a devida atenção em nenhuma delas). Mas, embora tenhamos visto avanços incríveis ao longo dos últimos cinquenta anos em informática, ciência, medicina e em várias outras áreas, a única coisa que ainda não conseguimos foi adicionar algumas horas ao nosso dia. Isso e a cura do resfriado continuam desafiando até os maiores gênios!

Escrever o prefácio para a edição de aniversário de *Eu odeio cozinhar* foi uma das coisas mais difíceis que já fiz. Primeiro, não sou escritora profissional (tiro o chapéu para todos aqueles que decidem seguir a carreira do pai ou da mãe), e segundo, pela primeira vez na vida, minha mãe não estava lá para revisar meu texto. Então, eu pensei: *O que posso compartilhar com vocês sobre a minha mãe?* E o resultado é este prefácio.

Eu odeio cozinhar foi idealizado por um grupo de mulheres profissionais que teriam ficado muito mais felizes tomando martínis com o marido do que na cozinha esquentando a barriga no fogão. Essas amigas decidiram compartilhar seu sofrimento (e receitas infalíveis) na esperança de recuperar o direito a um drinque (e evitar que sua família entrasse em greve). Duzentas receitas e várias dicas domésticas depois, *Eu odeio cozinhar* foi publicado.

Minha mãe nunca se considerou uma cozinheira, embora fosse, e de mão cheia. Ela via a si mesma como uma poeta e humorista que, por acaso, começou a cozinhar. *Eu odeio cozinhar* continua tão atual quanto em 1960, simplesmente porque o livro vai fazer você sorrir e até dar risada, e você pode fazer isso enquanto prepara uma refeição que sua família vai adorar, e ainda terá tempo de correr alguns quilômetros ou saborear uma taça de vinho enquanto assiste ao pôr do sol.

Quando este livro foi publicado pela primeira vez, não havia muita preocupação com o uso de manteiga e creme de leite na cozinha, e a ausência desses ingredientes teria sido considerada um erro! Nos anos 60, as pessoas não falavam sobre suas artérias em jantares. As discussões envolviam que marca de cigarro comprar, não os malefícios do tabagismo. Então, embora a manteiga, o creme de leite e o creme azedo apareçam em muitas (tudo bem, na maioria) das receitas, você pode substituí-los por leite, iogurte, creme de leite desnatado ou margarina, se for o caso. Ou, como no frango com arroz Roger, receita que preparei uma vez por mês durante boa parte da minha vida, você pode deixar a manteiga de fora e ninguém vai notar a diferença.

Minha mãe tinha um respeito enorme pelas mulheres às quais se referia como "boas cozinheiras que gostam de cozinhar". Sua mais famosa frase sobre essas mulheres era: "Convidem-nos sempre, por favor. E fiquem longe de nosso marido". Mas ela sempre me dizia que se sentia grata por não ter de ser uma delas. E, embora a idade tenha me ensinado a dar valor à comida da minha mãe, ser filha da mulher que "odiava cozinhar" tinha suas provações. É claro que havia o contínuo teste de receitas, não apenas para seus nove livros, mas também para as colunas em jornais e revistas que ela escrevia, bem como o teste de receitas alheias. E, naturalmente, eu tinha as minhas favoritas: ensopado acamado, frango com arroz Roger, bife varrido, lindos pernis de carneiro, estrogonofe do povo. Havia momentos constrangedores, como quando eu estava vendo TV com minhas amigas e aparecia o comercial da minha mãe, dizendo com seu forte sotaque do Missouri: "Eu sou Peg Bracken e odeio cozinhar". Eu queria sumir em meio às almofadas do sofá. E é claro que havia um bombardeio de perguntas: "Sua mãe cozinha bem? Como é ter uma mãe famosa?" ("Nossa, não faço a mínima ideia. Por que você não pergunta para alguém que tenha?", era a minha resposta.) Mas, com a fama da minha mãe, nossa casa recebeu um convidado inesperado: legumes congelados.

Hoje, quando passei dos 50 anos, percebo que não havia porta-voz melhor para legumes congelados do que a minha mãe, a mulher que queria tirar as mulheres da cozinha o mais rapidamente possível. A Birds Eye, uma empresa norte-americana de produtos congelados, contratou minha mãe como porta-voz porque seus produtos eram como as receitas dela: rápidos e saborosos, que você teria no freezer para preparar receitas em cima da hora. Mas, para uma menina de 12 anos que invejava os sanduíches de pão branco das amigas (sim, eu comia pão integral) e as saladas de alface-americana cobertas com molho cremoso (em casa, era uma gota de azeite e uma de vinagre para cada folha de alface-romana), um novo prato com legumes congelados a cada noite era um absurdo. Misture atum, curry, cebolas congeladas e creme de leite, asse e pronto. Para o jantar? Surpresa de espinafre com arroz? *Sério*, eu pensava, *quem ela quer enganar?*

Felizmente para mim, minha mãe, que sempre adorou animais, decidiu ceder a meus apelos por um cachorro e, assim que nos instalamos em nossa bela casa no norte da Califórnia, encontrou um cão enorme para a gente: Ralph, nosso são-bernardo.

Por ser do tipo que comia sem fazer perguntas, Ralph adorava quase todos os legumes. Aqueles que ele rejeitava iam parar em um guardanapo, que em seguida era escondido sob a almofada da cadeira e removido posteriormente. Gosto de pensar que Ralph, como a maioria dos animais domésticos, ajudava a manter a paz em nosso lar, já que minha mãe não aceitava reclamações quando colocava um novo prato de legumes congelados na minha frente. A resposta dela era sempre a mesma: "Fique quieta e coma. Isso vai pagar sua faculdade". E pagou mesmo! Mais de dezoito comerciais (Ralph e eu até fizemos uma rápida aparição em um) certamente ajudaram a cobrir os custos da faculdade, mesmo nos anos 70.

Como fazem todas as mães, a minha me disse frases sábias, que cito com frequência até hoje. Duas delas me marcaram muito e também se tornaram parte das lembranças dos meus amigos mais íntimos. A primeira: "Cuidado com o que diz, porque, depois que disser, você não pode mais voltar atrás". Minha mãe acreditava que as pessoas falam demais e que, se conseguíssemos ficar calados de vez em quando, o mundo seria muito melhor.

Mesmo assim, ela era uma pessoa que qualquer um adoraria receber para jantar. Ela adorava se sentar à mesa e desfrutar da companhia de amigos antigos ou recentes. E, caso sentisse que a conversa precisava de um estímulo, ou se os convidados não se conhecessem muito bem, ela gostava de fazer perguntas do tipo:

- Se você pudesse comer um único alimento pelo resto da vida, qual seria? Minha mãe alternava entre bolinhos feitos com massa de donut e chocolate amargo, embora sempre acrescentasse que sua bebida favorita (dry martíni) não deveria ser considerada alimento e, portanto, também poderia ser consumida (minha escolha: alcachofras e um manhattan perfeito).
- Se você pudesse falar com qualquer pessoa, viva ou morta, quem seria? Mark Twain, o escritor favorito dela, sempre estava no topo da lista.

Minha mãe viveu até os 89 anos e foi abençoada com uma saúde ótima, familiares e amigos amorosos, um marido e uma filha que a adoravam e uma perspicácia cortante. Ela também era uma mulher incrivelmente humilde, que não tinha noção de quantos amigos e fãs tinha pelo mundo, apesar das cartas e *e-mails* maravilhosos que recebia de mulheres cuja vida ela tocara. E, como ela não tinha ideia disso, eu também não tinha.

Um dia, logo depois da morte da minha mãe, eu estava mexendo em algumas gavetas e papéis – e acabando com mais uma caixa de lenços – quando o telefone tocou. A mulher do outro lado da linha pediu para falar com a minha mãe. "Sinto muito", eu disse. "Ela faleceu recentemente." Houve uma longa pausa, e a voz do outro lado disse: "Meu Deus, estou querendo telefonar para ela há um ano, e o tempo acabou passando. Agora ela não vai saber como salvou a minha vida!"

Ela não podia dizer isso à minha mãe, mas podia contar para mim. E contou, assim como os inúmeros cartões maravilhosos de mulheres que minha mãe nunca viu, mas cuja vida influenciou com sua capacidade de enxergar e usar o humor para enfrentar os problemas do dia a dia.

Ah, a segunda frase sábia que minha mãe me deixou de herança? "Quando algo estiver terminado, esqueça."

Assim, eu desejo a você jantares deliciosos feitos com ingredientes que você sempre tem no armário da cozinha, com pratos decorados com um ramo de salsinha. Acima de tudo, lhe desejo boas risadas e a sensação de que, finalmente, alguém a compreende.

Introdução

Algumas mulheres, é o que dizem por aí, gostam de cozinhar. Este livro não é para elas, mas para aquelas que detestam cozinhar, que a duras penas aprenderam que algumas atividades não se tornam menos dolorosas pela repetição: dar à luz, pagar impostos, cozinhar. Este livro é para quem quer segurar uma taça de martíni, e não um peixe fedorento, ao final de um longo dia.

Quando você detesta cozinhar, a vida é cheia de traumas: por exemplo, aquelas onipresentes imagens de banquetes que abrangem duas páginas e mostram o que servir naquelas noites em que você não quer esquentar a cabeça. Você fica simplesmente chocada. Você não faria tanta comida nem para dois feriados juntos. (Igualmente desanimador é o modo como a louça sempre combina com a comida. Você se pergunta o que está fazendo de errado, porque, seja servindo ostras ou feijão, seus pratos têm sempre a mesma borda azul.)

E você fica arrasada com artigos que começam da seguinte maneira: "É claro que você sabe que manjericão e tomate combinam perfeitamente, mas *sabia* que..." Eles podem parar por aí, porque na verdade você não sabia nada disso. E é ainda mais triste que, mesmo sabendo, você não vai se lembrar. Quando você odeia cozinhar, sua mente não guarda informações dessa natureza.

Ah, e você continua comprando livros de receitas, como uma mulher pouco atraente compra um chapéu atrás do outro na vã esperança de que esse finalmente fique bom. E todos sabem que as opções são muitas, desde livros de alta gastronomia, tão sofisticados que exigem uma cozinha pressurizada, passando pelo *Livro de receitas com fubá da fazenda da tia Zefa*, até o exótico livrinho de pratos estrangeiros, que é a última coisa que você deseja quando odeia cozinhar. Não só existem maneiras mais agradáveis de encurtar a vida, como seu marido não vai levá-la para comer enchiladas em um restaurante se souber que pode comer boas enchiladas em casa.

Por fim, e ainda piores, existem os enormes livros de receitas que explicam tudo sobre tudo. Primeiro, há receitas demais ali. Veja só quantas coisas você pode fazer com uma bisteca, e não vai fazer! O que você deseja é apenas uma receitinha infalível para fazer bisteca de outro jeito além de fritá-la, só isso.

E também esses livros sempre dizem o que qualquer boboca saberia. "Coloque a massa na forma para descansar e cubra com um pano limpo." O que eles *pensam* que você usaria para cobrir? Essa terrível mania de clareza também os leva a enunciar: "Coloque a mistura em uma panela de 2,5 litros". Bem, quando alguém detesta cozinhar, só classifica suas panelas nos tamanhos grande, médio e pequeno. De fato, quanto menos atenção chamarem para seu equipamento culinário, melhor. Você compra o mínimo, com a maior má vontade, e usa até acabar. Se alguém lhe der um utensílio novo de Natal, você fica tão animada quanto uma faxineira com um frasco novo de removedor.

Mas talvez o mais deprimente nesses enormes livros de receitas seja que você precisa ter um. Talvez a sua sogra lhe dê um saco de pimentões ou uma abóbora, e você tenha que fazer conserva de pimentões ou uma torta de abóbora. Bem, a única coisa a fazer é consultar seu enorme livro de receitas. Mas certamente você pode se condicionar a não consultar mais nada.

Agora, sobre este livro: ele nasceu durante um almoço com várias amigas que odeiam cozinhar, mas são obrigadas a fazer isso. Na época, todas nós estávamos cansadas do que preparávamos e, portanto, do que comíamos. Para variar um pouco, decidimos reunir nossa ignorância, revelar nossos segredinhos e contribuir com nossas receitas infalíveis.

Este livro é uma extensão do resultado. Ele é temperado com uma boa pitada de dicas domésticas (as melhores dentre uma coleção particular de 3.744 dicas). Mas o principal é que contém cerca de duzentas receitas.

Essas receitas não foram testadas por especialistas. E é por isso que são valiosas. Especialistas, em sua impecável cozinha experimental, fazem qualquer coisa ficar saborosa. Mas essas aqui até mesmo *nós* podemos fazer ficar saborosas.

Suas origens exatas são desconhecidas. Algumas foram criadas por mulheres que odeiam cozinhar e cuja motivação era entrar e sair da cozinha o mais rápido possível. Mas a maioria foi copiada de cadernos respingados de massa de pessoas que as copiaram de outros cadernos respingados de massa, porque uma boa receita se espalha tão rápido e chega tão longe quanto uma boa piada. Então, na maioria dos casos, é impossível citar a fonte original, embora seja bem provável que tenha vindo de uma cozinheira de mão cheia.

Deus a abençoe e nós a reverenciamos por isso. Nós, que detestamos cozinhar, temos um respeito que beira a admiração pelas cozinheiras de mão cheia, pessoas corajosas, animadas e criativas que sabem e conseguem, por exemplo, preparar uma costela e um pudim yorkshire em um único fogão e não têm medo de panelas de pressão. Mas nós temos pouco a dizer a elas, exceto "Convidem-nos sempre, por favor". E fiquem longe de nosso marido.

E, se você odeia cozinhar, não espere encontrar nenhuma mágica por aqui, como uma receita criada por Escoffier* que você

* *Chef* francês que renovou e popularizou os métodos tradicionais da culinária francesa. (N. do E.)

pode preparar em cinco ou dez minutos. Mas você pode encontrar algumas receitas que queira – no mais amplo sentido da palavra – fazer de vez em quando. Talvez até encontre algumas que se tornem suas favoritas. No mínimo, você vai se identificar com o que está lendo. É sempre bom saber que não estamos sozinhas.

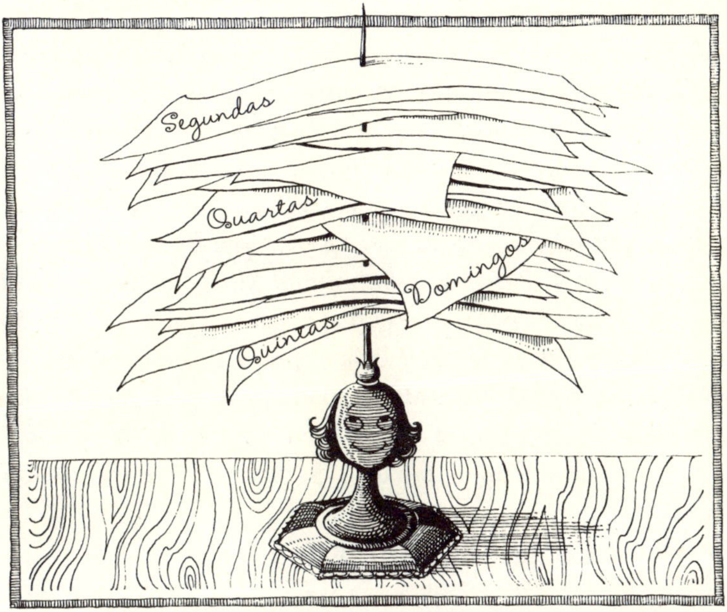

1

30 pratos principais para o dia a dia

OU A PEDREIRA

Jamais duvide disto: existe um longo e tortuoso caminho quando se detesta cozinhar. E jamais calcule o número de refeições que você vai precisar preparar e servir para sua família ao longo da vida. Isso só acaba com a criatividade e aumenta a pressão arterial. A maneira de enfrentar o futuro é fazer como os Alcoólicos Anônimos: um dia de cada vez.

Este capítulo traz trinta receitas de pratos principais para o dia a dia. Algumas delas não são muito emocionantes. Na verdade, algumas são bem sem graça – como muitas receitas de outros livros, mas os outros livros não admitem isso. E algumas das receitas deste capítulo são tão simples que fariam qualquer *chef* da Cordon Bleu bater com a frigideira na cabeça.

A vantagem é a seguinte: essas receitas estão *aqui*! Você não precisa caçá-las em seu gigantesco e enciclopédico livro de receitas. *E elas abrangem um mês inteirinho!* Afinal, quem precisa de mais de trinta receitas? Você já tem a sua rotina: o bife com arroz e batata, a refeição congelada, o prato à base de enlatados, sem falar na receita preferida de sua mãe, bolo de carne moída com tudo dentro. E, se alguém a convida para jantar, você aceita sem pestanejar. Então, com mais essas trinta receitas, você está feita.

Agora, os destaques são os seguintes:

1. Todas essas receitas são saborosas.
2. Todas são fáceis de fazer.
3. Cada uma delas foi aprovada por uma mulher que odeia cozinhar, e nenhuma delas pede um bouquet garni.
4. Algumas têm duas funções. Elas trazem carne, peixe ou frango mais um legume ou verdura, então você só vai precisar de algum tipo de pão. Ou carne, peixe ou frango e um carboidrato, e você só vai precisar de um legume ou verdura.
5. Muitas podem ser preparadas com antecedência. (É claro que você não vai fazer isso com frequência. Quem odeia cozinhar está sempre postergando. Mas de vez em quando você acorda cheia de disposição. E é quando consegue cuidar do jantar e de outros trabalhos sujos de casa pela manhã e *encerrar* o assunto.)
6. A maioria é de preparo rápido. Na verdade, você não pode mais confiar na palavra “rápido”. Em alguns livros de receitas, “rápido” significa que você não precisa moer a farinha. Em outros, significa que você pode despejar uma lata de sopa de tomate sobre uma costeleta de vitela e chamar de scaloppine.

Temos de encarar os fatos. Se uma receita requer onze ingredientes diferentes picados, molho cremoso e um merengue coberto de queijo, você não vai considerá-la "rápida" quando odeia cozinhar. Em contrapartida, aquela sopa de tomate sobre a costeleta de vitela terá gosto de sopa de tomate sobre costeleta de vitela, e você não pode chamá-la de scaloppine.

As receitas realmente rápidas deste livro estão no capítulo 11. Aqui optamos pelo meio-termo. O tempo de descongelar e/ou cozinhar não é o que mais incomoda quem odeia cozinhar, e sim o tempo gasto nos preparativos, o qual, nestas receitas, é misericordiosamente curto. Por exemplo:

BIFE VARRIDO

4 a 6 porções

(Assim chamado porque, há alguns anos, esta receita varreu o país.)

✓ 1 a 1,5 kg de acém, coxão mole ou coxão duro
✓ 1 pacote (60 g) de pó de creme de cebola

Coloque a carne em um pedaço de papel-alumínio grande o bastante para embrulhá-la. Espalhe o pó de creme de cebola por cima da carne e enrole-a bem firme no papel-alumínio. Coloque o embrulho em uma assadeira e leve ao forno por 3 horas a 160° C. Se desejar, você pode desembrulhar a carne 1 hora antes de ficar pronta e cercá-la de batatas e cenouras.

ENSOPADO ACAMADO

5 a 6 porções

(Para aqueles dias em que você fica de camisola na cama com um livro de suspense e uma caixa de bombons, ou possivelmente com uma gripe daquelas.)

Misture os seguintes ingredientes em uma travessa refratária com tampa ou coberta com papel-alumínio:

- ✓ 1 kg de acém cortado em cubos
- ✓ 1 lata de ervilhas*
- ✓ 1 xícara (chá) de cenouras fatiadas
- ✓ 2 cebolas picadas
- ✓ 1 colher (chá) de sal, 1 pitada de pimenta-do-reino
- ✓ 1 lata de sopa creme de tomate diluída em ½ lata de água (ou sopa de salsão ou de champignon, diluída da mesma forma)
- ✓ 1 batata grande fatiada
- ✓ 1 folha de louro*

* Se não gostar desse ingrediente, não use.

Tampe a travessa e leve-a ao forno pré-aquecido a 160° C. Agora volte para a cama. A mistura vai assar sozinha e ficará pronta em cinco horas.

A propósito, uma palavrinha sobre ervas e temperos. Essas receitas não pedem nada exótico, que você usará uma vez e nunca mais. Usaremos no máximo curry em pó, pimenta chili em pó, orégano, manjericão, tomilho, manjerona e louro. E se sua família disser algo do tipo: "O que é esse gosto estranho, mamãe?", sempre que você usar qualquer tipo de erva, você pode suprimi-las (mas, como é impossível suprimir a pimenta chili ao preparar comida mexicana e curry ao fazer ensopado indiano, o melhor seria optar por outras receitas).

Mas, via de regra, não hesite em diminuir a quantidade de tempero, ou não usá-lo, quando for algo de que você não goste. Isso também se aplica a pimentões verdes, vermelhos e afins. (Digo isso apenas porque nós, mulheres que odeiam cozinhar, nos sentimos intimidadas com receitas e livros de culinária e não ousaríamos substituir ou suprimir alguma coisa. Nós apenas passamos pela receita e não voltamos nunca mais.)

E devemos levar em conta nossas preferências. Eu, por exemplo, acho que alecrim serve para fazer perfume, não para cozinhar. A quantidade de alecrim que já suprimi de várias receitas a deixaria zonza, e os pratos não foram prejudicados por isso.

ESPECIAL DO PEDRO

3 porções generosas

(Muito fácil; muito bom com cerveja; bom mesmo sem ela.)

- ✓ 500 g de coxão mole ou patinho moído
- ✓ 1 cebola picada
- ✓ 1 dente de alho picado
- ✓ 1 lata (230 g) de molho de tomate mais ⅓ de lata de suco de tomate, caldo de carne ou água
- ✓ ¼ colher (chá) de orégano
- ✓ 2 colheres (sopa) de pimenta chili em pó
- ✓ 460 g de feijão cozido, com o caldo
- ✓ 1 saquinho médio de salgadinhos de milho (tipo Doritos)
- ✓ Um pouco de alface picada
- ✓ Um pouco mais de cebola picada

Em um pouco de óleo, doure a carne com a cebola e o alho. Adicione o molho de tomate, o suco de tomate, caldo de carne ou água, o orégano, a pimenta chili e mexa bem. Pegue uma travessa refratária grande, unte-a e alterne camadas dessa mistura com camadas de feijão e salgadinhos de milho, acabando com os salgadinhos. Tampe ou cubra a travessa com papel-alumínio e asse por 45 minutos a 180° C; retire a tampa nos últimos dez minutos. Antes de servir, espalhe um pouco de alface picada e cebola crua picada por cima, para dar aquele visual mexicano.

CARNE DA REALEZA

4 porções

(Não se espante com a estranha combinação de ingredientes, porque o resultado é ótimo. Feche os olhos e comece a abrir as latas.)

Tudo que você tem de fazer é misturar os seguintes ingredientes em uma travessa em banho-maria:

- ✓ 1 lata de sopa condensada de frango ou brócolis, sem diluir
- ✓ 1 lata de sopa condensada creme de champignon, sem diluir
- ✓ 2 ovos cozidos fatiados
- ✓ 100 g de carne-seca desfiada (deve ser fervida em água primeiro, para ficar um pouco menos salgada)
- ✓ ½ pimentão verde picado
- ✓ 3 colheres (sopa) de pimentão vermelho picado
- ✓ 1 colher (chá) de cebola bem picadinha, ou ½ colher (chá) de cebola em flocos
- ✓ ⅓ xícara (chá) de queijo ralado (parmesão ou o que você tiver na geladeira)
- ✓ 1 pote pequeno de champignons (se você tiver)

Aqueça tudo em banho-maria e sirva sobre praticamente qualquer coisa: torradas, pães, arroz ou barquetes.

ESTROGONOFE DO POVO

4 porções

- ✓ 230 g de macarrão cru
- ✓ 1 tablete de caldo de carne

- ✓ 1 dente de alho picado
- ✓ ⅓ xícara (chá) de cebola picada
- ✓ 2 colheres (sopa) de óleo
- ✓ 500 g de carne moída de sua preferência
- ✓ 2 colheres (sopa) de farinha de trigo
- ✓ 2 colheres (chá) de sal
- ✓ ½ colher (chá) de páprica
- ✓ 180 g de champignons
- ✓ 1 lata de sopa condensada creme de cebola, sem diluir
- ✓ 1 xícara (chá) de creme azedo (ou coalhada, ou iogurte natural)
- ✓ Salsinha picada

Comece cozinhando o macarrão, adicionando primeiro o tablete de caldo de carne na água do cozimento. Doure o alho, a cebola e a carne moída no óleo. Adicione a farinha, o sal, a páprica e os champignons. Mexa tudo e deixe cozinhar por 5 minutos, enquanto você lê uma revista. Depois, adicione a sopa e cozinhe em fogo baixo, sem deixar ferver, por 10 minutos. Agora adicione o creme azedo e mexa – mantendo o fogo baixo para não talhar –, até aquecer bem. Para servir, coloque o macarrão em uma travessa, espalhe o estrogonofe sobre ele e polvilhe bastante salsinha picada por cima.

~

Você reparou na salsinha picada da receita de estrogonofe que acabamos de passar? Esse é um ponto muito importante. Neste livro, você vai notar certa dependência de SALSINHA (que você compra em maços, lava, sacode e guarda em um pote tampado dentro da geladeira, onde ela vai durar praticamente para sempre), PARMESÃO (que os puristas compram em pedaços e ralam quando precisam. Mas quem não é pode comprá-lo ralado a granel ou em saquinhos no supermercado) e PÁPRICA (vendida em saquinhos ou potinhos para ter sempre à mão).

O motivo de usar esses "ornamentos" é que, mesmo detestando cozinhar, você nem sempre quer divulgar essa informação, que costuma ficar evidente em pratos sem nenhuma decoração. Então, espalhe coisas claras sobre coisas escuras (como parmesão no espinafre) e coisas escuras sobre coisas claras (como salsinha no peixe) e polvilhe com páprica praticamente tudo que estiver ao seu alcance. Às vezes, o resultado é um jantar em que tudo parece ter sido polvilhado com alguma coisa, o que revela um certo excesso de zelo, mas demonstra que você está tentando.

Repetindo: o mais importante é o contraste. Eu conheci uma garotinha que sempre fazia sanduíches de bolacha. Isso mesmo: ela colocava uma bela porção de bolachinhas salgadas entre duas fatias de pão de forma. Quando cresceu, acho que ela virou nutricionista de hospital.

BOLO DE CARNE SUÍÇO

6 a 7 porções

(Este é um tipo mais interessante de bolo de carne.)

✓ 1 kg de carne moída de sua preferência
✓ 1½ xícara (chá) de queijo suíço em cubinhos
✓ 2 ovos batidos
✓ ½ xícara (chá) de cebola picada
✓ ½ xícara (chá) de pimentão verde picado
✓ 1½ colher (chá) de sal
✓ ½ colher (chá) de pimenta-do-reino
✓ 1 colher (chá) de sal de aipo
✓ ½ colher (chá) de páprica
✓ 2½ xícaras (chá) de leite
✓ 1 xícara (chá) de farinha de rosca

Misture todos os ingredientes na ordem listada e coloque tudo em uma forma para bolo inglês untada, ou, se preferir, use duas.

Asse sem tampar a 180º C por 1 hora e meia. Depois é só chamar a família.

CHILI PARA NOITES FRIAS

6 a 8 porções

(Uma receita clássica, saborosa, barata e fácil de lembrar, pois leva poucos ingredientes.)

- ✓ 500 g de carne moída de sua preferência
- ✓ 1 cebola grande picada
- ✓ 450 g de feijão cozido (para servir mais porções, acrescente mais 450 g)
- ✓ 1 lata de sopa de tomate, sem diluir (ou 1 lata de molho de tomate)
- ✓ 1 colher (chá) de sal
- ✓ 1 colher (sopa) de pimenta chili em pó (prove e adicione mais se desejar)
- ✓ Azeitonas (se você tiver)

Em uma panela, refogue a carne com a cebola em um pouco de manteiga por cerca de 10 minutos, até dourar. Adicione os demais ingredientes e deixe cozinhar em fogo baixo, com a panela tampada, por 30 minutos.

Apenas uma notinha sobre o que servir *com* as coisas. Você deve ter reparado que muitos livros de receitas estão cheios de sugestões. "Com isto", eles dirão, "sirva pêssegos com curry, pãezinhos crocantes de milho e bolo de claras."

Eles não fazem isso apenas para ajudar. Cá entre nós, é para que a receita do prato principal soe melhor. Um bolo de carne pode parecer empolgante se você mencionar batatas crocantes com queijo, salada com corações de alcachofra, sorbet de limão e bolo trufado de chocolate, mas ainda assim você não alterou a natureza simplória do bolo de carne. Além disso, quando você odeia cozinhar, o acompanhamento é aquilo que você tem à mão, e você nem sonharia em cozinhar todas essas coisas para uma única refeição.

Então este livro não dará muitas sugestões de acompanhamentos, exceto nos casos em que for realmente difícil pensar em alguma coisa, ou quando o prato principal for um pouco sem graça e precisar de apoio.

Agora, vamos falar de CARNEIRO. Carneiro, quando você odeia cozinhar, geralmente se resume a costeleta ou paleta. O dia em que descobri o pernil de carneiro foi especial para mim.

LINDOS PERNIS DE CARNEIRO

4 a 5 porções

- ✓ 4 pernis de carneiro
- ✓ 1 dente de alho descascado e cortado ao meio
- ✓ ¼ xícara (chá) de farinha de trigo
- ✓ 1 colher (sopa) de páprica
- ✓ 1½ colher (chá) de sal
- ✓ ½ colher (chá) de pimenta-do-reino
- ✓ 3 colheres (sopa) de óleo
- ✓ 3 xícaras (chá) de água quente
- ✓ 1¼ xícara (chá) de arroz cru

Esfregue o alho nos pernis e coloque-os em um saco plástico contendo a farinha e os temperos. Sacuda bem. Doure-os em óleo quente. Adicione a água e o dente de alho – enfiado em um palito de dente, para que você possa encontrá-lo depois – e cozinhe em fogo baixo, com a panela tampada, por 1 hora. Depois, adicione o arroz, tampe a panela, deixe cozinhar por mais 30 minutos e estará pronto.

PERNIL TRA-LÁ-LÁ

4 a 5 porções

(Este prato leva um molho barbecue muito fácil de fazer e muito saboroso.)

- ✓ 1 cebola grande cortada em fatias finas
- ✓ 1 xícara (chá) de ketchup
- ✓ 1 xícara (chá) de água
- ✓ ½ xícara (chá) de geleia de hortelã
- ✓ 2 colheres (sopa) de suco de limão
- ✓ 4 pernis de carneiro
- ✓ Farinha, sal e pimenta-do-reino para empanar a carne
- ✓ 3 colheres (sopa) de óleo

Misture os cinco primeiros ingredientes e aqueça-os até que a geleia derreta. Reserve. Passe os pernis na mistura de farinha, sal e pimenta-do-reino e doure-os no óleo em uma panela grande. Remova o excesso de gordura depois de dourar os pernis. Adicione o molho, tampe e deixe cozinhar em fogo baixo por 1 hora e meia. Caso você se lembre, banhe os pernis com o molho de vez em quando.

MIGNON DE COSTELETAS DE CARNEIRO

Use costeletas de carneiro de 2,5 cm de espessura. Peça ao açougueiro para remover os ossos. Enrole uma fatia de bacon ao redor de cada uma e prenda com um palito de dente. Coloque 1 colher (chá) de molho inglês e de ketchup em cima de cada costeleta e asse a 180° C por 45 minutos, até o bacon ficar crocante.

Este é um bom prato para servir às visitas, com fatias grossas de tomate e salsinha ao redor.

VELHO FIEL

4 porções

(Uma salada com frutas vai bem com este prato, pois já há legumes suficientes nele.)

- ✓ 4 costeletas de carneiro ou de porco, de espessura média
- ✓ 2 colheres (sopa) de óleo
- ✓ 6 colheres (sopa) de arroz cru
- ✓ 1 cebola grande fatiada
- ✓ 2 tomates maduros, sem sementes e fatiados
- ✓ ½ pimentão verde cortado em anéis
- ✓ Sal e pimenta-do-reino
- ✓ 500 ml de caldo de galinha (1 tablete de caldo de galinha dissolvido em 500 ml de água quente)
- ✓ 1 pitada de manjerona
- ✓ 1 pitada de tomilho

Em uma frigideira, doure as costeletas no óleo. Enquanto isso, coloque o arroz no fundo de um refratário grande untado e fatie os legumes. Em seguida, coloque as costeletas sobre o arroz e, em cima de cada uma, fatias de cebola, tomate e pimentão, temperando com sal e pimenta-do-reino a gosto. Adicione o caldo de galinha, a manjerona e o tomilho, tampe e leve ao forno pré-aquecido a 180° C por 1 hora.

O problema de se apaixonar

Quando se detesta cozinhar, é comum se apaixonar por uma receita que parece perfeita: rápida de fazer, simples e agrada a família toda. E assim, como os amantes impetuosos desde o início dos tempos, você tende a exagerar. Acaba servindo o precioso prato três vezes por semana, inclusive no café da manhã de domingo. Seus problemas estão resolvidos. Você está calma. Ah, como você ama essa receitinha!

Mas nenhuma receita suporta tamanho massacre. Depois de algum tempo, ela deixa de ser tão saborosa quanto da primeira vez. E você começa a se perguntar o que viu nela. Por fim, deixa de prepará-la. Ela então se perde no limbo, e o caso de amor chega ao fim.

Duas coisas são responsáveis por esse fato que ocorre com tanta frequência: primeiro, você exagerou e, segundo, começou a relaxar. Você se sentia tão segura com seu verdadeiro amor que começou a subestimar a receita, sem seguir as instruções à risca, usando vinagre em vez de suco de limão ou champignons em conserva em vez de frescos (porque era o que você tinha em casa). Logo, sem você perceber, a receita original sofreu mudanças e virou algo estranho, totalmente diferente.

Moral da história: em vez de insistir, alterne. Quando preparar uma boa receita, *não a faça novamente por um mês*. Guarde-a cuidadosamente em seu fichário ou em seu caderno de receitas, como um ás na manga, enquanto experimenta outras. Em pouco tempo você terá várias cartas na manga, o que é de fato a situação ideal.

Na seção de CARNE DE PORCO, chegamos a:

SALSICHÕES DA MAXIE

4 a 6 porções

(Esta é uma receita boa e rápida de salsichões com chucrute.)

- ✓ ½ cebola picada, ou 2 colheres (sopa) de cebola desidratada em flocos
- ✓ 2 colheres (sopa) de óleo
- ✓ ¾ xícara (chá) de ketchup
- ✓ ¾ xícara (chá) de água
- ✓ 1 colher (sopa) de açúcar mascavo
- ✓ 1 colher (chá) de mostarda
- ✓ 1 pote (800 g) de chucrute (depois de drenado, restará 450 g)
- ✓ 10 ou 12 salsichões

Prepare primeiro o molho. Refogue a cebola no óleo até que fique macia, adicione o ketchup, a água, o açúcar mascavo e a mostarda e deixe ferver. Abra o pote de chucrute, drene bem e espalhe o conteúdo em uma travessa refratária grande. Arrume os salsichões – partidos ao meio ou com cortes – por cima, espalhe o molho e asse, sem tampar, a 180° C por 30 minutos.

MISTURA DO DR. MARTIN

4 a 5 porções

(O preparo desta receita leva em torno de sete minutos. O dr. Martin é um homem ocupado.)

Separe de 450 a 700 g de linguiça suína e retire a pele (carne moída serve, mas com linguiça fica melhor). Em seguida, esmigalhe-as em uma panela para dourar. Remova um pouco da gordura.

Depois adicione:

- ✓ 1 pimentão verde picado
- ✓ 2 cebolinhas picadas
- ✓ 2 ou 3 talos de salsão picados
- ✓ 2 xícaras (chá) de caldo de galinha (1 tablete de caldo de galinha dissolvido em 500 ml de água quente)
- ✓ 1 xícara (chá) de arroz cru
- ✓ 1 colher (sopa) de molho inglês
- ✓ ½ colher (chá) de sal

Depois o dr. Martin tampa a panela e deixa cozinhar no fogo mais baixo possível, enquanto engessa uma fratura. Quando volta, uma hora depois, o jantar está pronto.

COSTELETAS DE PORCO E BATATAS

Use o ralador com furos grandes para ralar as batatas (1 ou 2 por pessoa) para gratinar; é bem mais rápido do que fatiar. Depois, prepare-as para gratinar como você costuma fazer. (Se não tiver o costume de fazer batatas gratinadas, você pode despejar sobre elas uma lata de sopa condensada de champignon diluída em ⅓ de lata de leite.) Espalhe as costeletas (1 ou 2 por pessoa) por cima das batatas e leve ao forno a 180° C sem tampar. Caso você se lembre, vire as costeletas depois de 30 minutos e tempere-as com sal e pimenta. Asse por 1 hora no total.

Agora, vamos ao FRANGO.

Tem uma coisa muito engraçada sobre o frango. A vovó sempre fritou o dela e viveu até uma idade bem avançada. Mas, atualmente, a palavra de ordem é assar, e não fritar.

As duas receitas a seguir são assadas, por puro acaso, embora na primeira o frango seja dourado na frigideira primeiro.

FRANGO COM ARROZ ROGER

5 a 6 porções

- ✓ Farinha de trigo
- ✓ Óleo
- ✓ 1 frango em pedaços de 1,5 kg (ou 1,5 kg de peito ou coxa)
- ✓ ¾ xícara (chá) de arroz cru
- ✓ Sal, pimenta-do-reino
- ✓ 1 colher (sopa) de cebola ralada, ou ½ dente de alho picadinho
- ✓ 180 g de champignons em conserva
- ✓ 2 tabletes de caldo de galinha dissolvidos em 1¾ xícara (chá) de água
- ✓ 2½ colheres (sopa) (ou 50 g) de manteiga

Passe o frango na farinha de trigo e doure-o em um pouco de óleo. Enquanto isso, coloque o arroz, o sal e a pimenta-do-reino em uma travessa untada e espalhe a cebola ralada por cima. Adicione os champignons com o caldo da conserva. Arrume o frango por cima de tudo, derrame o caldo de galinha sobre ele e espalhe pedacinhos de manteiga. Cubra e leve ao forno a 180° C por 1 hora.

FRANGO DE SÁBADO

4 a 6 porções

(Parente próximo do frango de domingo, p. 111.)

- ✓ 1 frango em pedaços (ou 6 bons pedaços de frango à sua escolha)
- ✓ Sal e sal de alho
- ✓ Páprica
- ✓ 1 lata de sopa condensada creme de champignon ou de salsão

- ✓ 1 xícara (chá) de creme de leite (não use leite, o creme de leite faz muita diferença)
- ✓ Salsinha picada

Tempere o frango com sal, sal de alho e páprica. Em seguida, espalhe os pedaços em uma travessa ou assadeira rasa, formando uma única camada. Dilua a sopa com o creme de leite, derrame sobre o frango e polvilhe com salsinha picada. Asse sem tampar a 180° C por 1 hora e meia.

Falando em cozinhar, já que por acaso tocamos nesse assunto, um de seus piores aspectos é comprar os ingredientes. Quando você odeia cozinhar, o supermercado é um lugar abominável. Você vê tanta coisa que elas se embaralham, e você acaba perdendo o foco e comprando uma única bisteca. Então, leve este livro consigo quando for às compras. Assim, quando olhar para um pacote de camarão, por exemplo, talvez se lembre vagamente de alguma coisa, e poderá consultar o livro para ver o que nós – mulheres que odeiam cozinhar – poderíamos fazer com ele. Nós faríamos:

CURRY LIGEIRINHO

4 a 6 porções

- ✓ 1 xícara (chá) de arroz cru
- ✓ ½ xícara (chá) de cebola picada
- ✓ ½ colher (chá) de curry em pó
- ✓ 1 colher (sopa) de manteiga
- ✓ 1 lata de sopa condensada creme de camarão (ou 1 lata de sopa creme de salsão ou champignon sem diluir, com 85 g de camarão)
- ✓ 1 xícara (chá) de creme azedo (ou coalhada, ou iogurte natural)

- ✓ 1 xícara (chá) de camarões cozidos
- ✓ Salsinha
- ✓ Páprica

Comece cozinhando o arroz. Enquanto isso, em uma panela refogue a cebola e o curry em pó na manteiga, até a cebola ficar macia, mas sem dourar. Adicione a sopa, coloque a panela em banho-maria e mexa até formar um creme liso. Adicione o creme azedo e o camarão e aqueça bem. Sirva sobre o arroz quente, com raminhos de salsinha e uma pitada de páprica.

(Se tiver um pote de chutney na geladeira – ele dura praticamente a vida toda –, você pode servi-lo sempre que fizer um prato à base de curry, e vai se sentir menos culpada por suprimir amendoins picados, cebolinhas e outros ingredientes trabalhosos.)

Nós também faríamos esta receita, ainda mais simples e barata:

PILAF DE PORTLAND

3 a 4 porções

- ✓ 1 xícara (chá) de arroz cru
- ✓ 2½ colheres (sopa) (ou 50 g) de manteiga
- ✓ 2 tabletes de caldo de galinha dissolvidos em 2 xícaras (chá) de água quente
- ✓ Um pouco de cebola ou cebolinha picada
- ✓ 100 g de camarões limpos

Use uma frigideira que possa ser levada ao forno. Refogue o arroz na manteiga até dourar. Adicione o caldo de galinha e a cebola, tampe a frigideira e leve para assar por 35 minutos a 160° C. Depois, adicione os camarões. (Se puder usar o dobro da quantidade, melhor ainda.) Asse por mais 10 minutos.

ASSADO CANCAN

3 a 4 porções

(Este é o assado de atum mais fácil que existe e é muito saboroso.)

Bata dois ovos e adicione uma lata de leite evaporado. Depois junte:

- ✓ 2½ xícaras de milho-verde, misturado com um pouco de leite e farinha, até formar um creme
- ✓ 180 g de atum em conserva em pedaços, partidos com um garfo
- ✓ 1 pimentão verde picado
- ✓ 1 cebola média ralada

Coloque tudo em uma travessa untada e asse sem tampar a 160° C por 1 hora.

ATUM E ARROZ AO CURRY

3 a 4 porções

(É uma receita útil, porque certamente você tem todos os ingredientes em casa. Se por acaso você tiver molho branco industrializado na despensa, o preparo será ainda mais rápido.)

- ✓ 2 latas de atum em pedaços
- ✓ 3 ovos cozidos e picados
- ✓ 1 xícara (chá) de arroz cozido (cerca de ⅓ xícara de arroz cru)
- ✓ 1 cebola picada
- ✓ 1 colher (sopa) de salsinha
- ✓ ½ colher (chá) de sal
- ✓ 2 colheres (chá) de curry em pó
- ✓ 2 xícaras (chá) de molho branco*
- ✓ 2 colheres (sopa) de cebolinha picada (para decorar)

Misture o atum, os ovos, o arroz cozido, a cebola, a salsinha e o sal. À parte, misture o curry em pó e o molho branco. Junte as duas misturas, coloque tudo em uma travessa untada e leve ao forno a 160° C por 1 hora. Espalhe a cebolinha picada por cima antes de servir e coloque uma tigela de chutney na mesa.

(Reza a boa psicologia que, ao servir um assado, é melhor usar tigelas individuais em vez de uma travessa grande. A comida fica visualmente mais interessante e, caso não comam tudo, você não terá problemas em jogar as sobras fora. Consulte a regra das sobras na p. 51.)

* Para deixar esta receita menos calórica, use 300 ml de molho branco diluído em 150 ml de leite desnatado. Se você não encontrar molho branco no supermercado, consulte as pp. 61-62. A receita de peru tetrazzini leva um molho branco ótimo.

SUFLÊ DE MARISCOS

3 a 4 porções

(Qualquer um consegue fazer este suflê. É uma ótima receita para aqueles dias em que você acabou de arrancar um dente. Tem um sabor delicado e é provável que você tenha todos os ingredientes em casa, com exceção dos mariscos. Você pode até suprimir o pimentão verde.)

- ✓ 12 bolachas de água e sal
- ✓ 1 xícara (chá) de leite
- ✓ ¼ xícara (chá) de manteiga derretida
- ✓ 185 g de mariscos picados
- ✓ 2 colheres (sopa) de cebola picada
- ✓ 1 colher (sopa) de pimentão verde picado
- ✓ ¼ colher (chá) de molho inglês
- ✓ 1 pitada de sal e pimenta-do-reino
- ✓ 2 ovos batidos

Deixe as bolachas de molho no leite por alguns minutos. Depois, adicione os demais ingredientes, os ovos por último. Coloque tudo em uma travessa untada e leve ao forno a 180° C por 45 minutos, sem tampar.

LINGUADO SOBREVIVENTE

4 porções

(Com exceção de peixe frito, esta é a receita de linguado mais fácil que conheço. Você também pode usar halibute.)

- ✓ 4 filés de linguado
- ✓ 1 lata de sopa de camarão (ou use 1 lata de sopa de champignon ou sopa de salsão sem diluir e acrescente 85 g de camarão fresco, se quiser)

Aqueça a sopa enquanto coloca os filés em uma travessa ou assadeira untada. Leve o peixe ao forno a 200° C por 20 minutos. Depois, abaixe a temperatura para 160° C, derrame a sopa sobre o peixe e asse por mais 15 minutos.

BARRINHAS DE PEIXE E SALSÃO

4 porções

- ✓ 1 pacote de barrinhas de peixe congeladas, previamente descongeladas
- ✓ 1 lata de sopa condensada creme de salsão
- ✓ ½ xícara (chá) de leite
- ✓ 1½ colher (sopa) de cebolinha picada (só a parte verde do talo)
- ✓ 1 colher (sopa) de suco de limão
- ✓ 3 colheres (sopa) de queijo cheddar ralado
- ✓ Páprica

Coloque as barrinhas de peixe (3 a 4 por pessoa) em uma travessa ou assadeira rasa, untada. Dilua a sopa de salsão no leite e meça uma xícara (chá) cheia. (Guarde o restante para alguém almoçar ou jogue fora.) Adicione à sopa diluída a cebolinha, o suco de limão e o queijo. Espalhe tudo sobre as barrinhas de peixe e polvilhe com páprica. Leve ao forno por 20 minutos a 200° C.

Vamos abrir parênteses. Sabe-se que, quando alguém odeia cozinhar, compra comida pronta sempre que pode. Você costuma comprar coisas congeladas e misturas prontas, bem como pizzas e tortas de frango.

Mas permita-nos corrigir essa afirmação. Em vez disso, digamos que você compra essas coisas sempre que decide ousar, já que isso pode criar problemas com o homem da casa. O homem comum não gosta muito de comida congelada, nem de pizza nem de torta de frango. Ele quer vê-la sovando pão e carregando fardos, antes de descer para o porão para fazer sabão. Esse tipo de atividade é conhecido como "coisa de mulher".

Mas às vezes você consegue se safar. Digamos, por exemplo, que você está servindo pãezinhos congelados e simplesmente os assou por alguns minutos, como mandavam as instruções. No jantar, prove-os com desconfiança. Então diga: "Puxa, eu não consigo fazer pãezinhos decentes. Isso é o máximo que consigo!"

Se você tiver sorte, e seu marido não tiver visto você tirando os pãezinhos da embalagem, ele provavelmente dirá: "Qual é o problema? Estão deliciosos".

Então você diz, com uma voz bem doce: "Não sei... Não parecem tão leves quanto deveriam..." E, quanto mais ele afirmar que os pães estão bons, mais poder você terá sobre ele. Admito que esse é um golpe baixo, mas o casamento às vezes pode ser um jogo difícil.

E não se preocupe com o fato de ser mais caro comprar que fazer esse tipo de coisa. Talvez você seja ótima na limpeza da casa.

Ou talvez coloque seu próprio papel de parede, enquanto aquela mulher do fim da rua, que faz macarrão caseiro, paga uma fortuna aos instaladores profissionais. Talvez você confeccione suas próprias roupas, ou venda cartões de Natal feitos em casa, ou talvez simplesmente embeleze o lar com a sua presença.

Enquanto enfrentamos o longo caminho que é o mês, não nos esqueçamos do FEIJÃO. Todo orçamento pode se beneficiar com um modesto prato de feijão de vez em quando.

Na maioria das vezes, quando você detesta cozinhar, basta adicionar um pouco mais de cebola picada, molho de chili e uma colher de melado a uma lata de feijão comprada no supermercado, levar ao forno por 30 minutos a 160° C, e fica delicioso também.

Mas, caso se sinta excepcionalmente disposta, você pode acrescentar fatias de maçã e carne picada a esses ingredientes. É uma boa refeição para garotos em fase de crescimento, caso você tenha um em casa.

Além disso, se tiver feijão vermelho na despensa (ou qualquer outro tipo de feijão), você pode fazer:

FEIJÃO SOSSEGADO

3 a 4 porções

(Esta receita não poderia ser melhor ou mais simples, só que você precisa estar por perto para dar uma olhada a cada duas horas, durante seis horas. E não se preocupe, os feijões pré-cozidos não vão se desmanchar. Por alguma misteriosa razão, eles não viram purê.)

✓ 2 latas (450 g cada) de feijões vermelhos cozidos, com o caldo (ou a mesma quantidade de feijões preparados em casa)

- ✓ 3 tomates grandes (ou 3 tomates enlatados sem o líquido)
- ✓ 2 cebolas fatiadas
- ✓ 250 g de bacon em fatias, com pouca gordura

Em uma travessa, alterne camadas de feijão, fatias grossas de tomate e cebola, até usar tudo. Leve ao forno por 2 horas a 160° C, sem tampar.

Agora corte o bacon ao meio (fatias curtas funcionam melhor) e coloque metade deles por cima. Leve a travessa destampada novamente ao forno por mais 2 horas, para o bacon dourar. Misture o bacon ao feijão e coloque as fatias restantes por cima. Asse sem tampar por mais 2 horas e estará pronto.

Ou você pode fazer:

FEIJÃO AO VINHO

3 a 4 porções

- ✓ 3 cebolinhas picadas
- ✓ ½ pimentão verde picado
- ✓ 250 g de carne moída de sua preferência
- ✓ 2 tomates picados
- ✓ 1 xícara (chá) de vinho tinto
- ✓ 2 latas (450 g cada) de feijões vermelhos cozidos (ou a mesma quantidade de feijões preparados em casa)

Refogue a cebolinha e o pimentão em um pouco de óleo até ficarem macios. Adicione a carne moída e refogue até dourar. Em seguida, acrescente os tomates picados e o vinho e deixe ferver por 5 minutos. Acrescente os feijões, coloque tudo em uma travessa e leve ao forno, sem tampar, por 30 minutos a 180° C.

E sempre existe o QUEIJO.

O queijo é um ingrediente contraditório. Ele não é lá muito confiável, porque exige concentração e, quando você detesta cozinhar, não é isso que deseja. Depois de preparar um coelho de galês talhado ou que pareça uma horrível poça de cola, a tendência é deixar o queijo de lado.

No entanto, o queijo tem a vantagem de durar bastante, contanto que você não o retire da embalagem (ou que esteja ralado e em um recipiente fechado na geladeira; veja o capítulo sobre sobras). E, quando há cerca de duzentos gramas de queijo na geladeira, você sabe que tem pelo menos o jantar garantido. (Provavelmente, o cardápio será sopa com sanduíche de queijo quente, e não há nada de errado nisso, ainda mais se você passar manteiga no pão e um pouco de mostarda em pó misturada com vinagre.)

E há estas duas receitas. Nenhuma delas fará você parecer ridícula e ambas são muito boas.

ENFORMADO DE QUEIJO E VINHO

4 porções

- ✓ Manteiga
- ✓ 1 dente de alho
- ✓ 6 a 8 fatias de pão amanhecido ou levemente torrado
- ✓ 3 ovos
- ✓ 1 xícara (chá) de vinho tinto seco
- ✓ ½ xícara (chá) de caldo de galinha (½ tablete de caldo de galinha dissolvido em 250 ml de água quente)
- ✓ 1 colher (chá) de sal
- ✓ 1 colher (chá) de molho inglês
- ✓ ½ colher (chá) de mostarda
- ✓ ½ colher (chá) de páprica
- ✓ ½ colher (chá) de pimenta-do-reino
- ✓ 250 g (2 xícaras) de queijo suíço ralado

Pronta? Pique o alho e misture-o à manteiga, numa quantidade suficiente para passar em todas as fatias de pão. Coloque as fatias de pão, com a manteiga para baixo, em uma assadeira ou travessa grande.

Bata os ovos e acrescente o vinho, o caldo de galinha, todos os temperos e o queijo. Espalhe essa mistura sobre o pão e asse, sem tampar, por 30 minutos a 160° C.

(Esta é uma ótima receita caso você tenha um compromisso antes do jantar. Você pode preparar tudo e colocar a mistura líquida sobre o pão somente quando for assar.)

ARROZ CREMOSO COM QUEIJO

4 porções

(Uma mistura de pudim e suflê. Se você preferir, pode servi-la com molho de champignon ou atum cremoso, ou cobri-la com algumas fatias de bacon.)

✓ 1 xícara (chá) de arroz cru
✓ 4 ovos
✓ 2 xícaras (chá) de leite
✓ 2 colheres (sopa) de manteiga derretida
✓ 120 g de queijo ralado (1 xícara)
✓ 1 colher (chá) de sal

Cozinhe o arroz sem sal. Separe os ovos. Bata levemente as gemas e adicione o leite, a manteiga, o queijo, o sal e o arroz cozido. Bata as claras em neve até formar picos bem firmes. Adicione-as com delicadeza à mistura de gemas. Despeje em uma travessa untada e asse a 180° C, sem tampar, por 25 minutos.

Por fim, permita que a gente – mulheres que detestam cozinhar – fale de SOPAS.

Isto é, de sopas substanciosas, que alimentam. Sopas que – com torradas, cenouras fatiadas e uma sobremesa feita por outra pessoa – deixarão a família satisfeita. Aqui temos três boas receitas.

SOPA HEIDELBERG

3 a 4 porções

- ✓ 2 latas de sopa de batata, diluídas com leite de acordo com as instruções do fabricante
- ✓ 5 fatias de bacon picadas
- ✓ 4 fatias de salame em tirinhas
- ✓ 12 talos de cebolinha picados
- ✓ Salsinha
- ✓ Pimenta-do-reino

Aqueça a sopa em banho-maria. Enquanto isso, frite o bacon e retire-o da frigideira com uma escumadeira. Reserve 1 colher (sopa) da gordura que sobrou na frigideira. Com ela, refogue o salame e a cebolinha. Adicione-os à sopa, assim como o bacon. Tempere com salsinha e pimenta-do-reino e sirva.

BISQUE RÁPIDO

6 porções

- ✓ 2 latas de sopa condensada de tomate
- ✓ ½ lata de sopa condensada de ervilha
- ✓ 450 ml de caldo de galinha (1 tablete de caldo de galinha dissolvido nessa quantidade de água quente)
- ✓ 1 xícara (chá) de creme de leite
- ✓ 150 g de carne de siri, ou 100 g de camarão ou 180 g de lagosta
- ✓ ¾ xícara (chá) de xerez

Aqueça tudo em banho-maria, exceto o xerez. Logo antes de servir, acrescente-o.

SOPA DE MARISCOS HONESTA

3 porções

(Na verdade, esta receita não é completamente honesta, porque não pede carne de porco salgada. Quem costuma ter carne de porco salgada em casa? Mas o sabor é honesto.)

- ✓ 2 fatias de bacon picadas
- ✓ 1 cebola média picada
- ✓ 1 batata média ralada (no ralo grosso) ou cortada em fatias finas
- ✓ 200 g de mariscos picados
- ✓ 2½ a 3 xícaras (chá) de leite
- ✓ 1 boa pitada de sal e pimenta-do-reino
- ✓ Manteiga

Refogue o bacon e a cebola juntos até a cebola ficar macia. Adicione a batata e água suficiente para cobri-la. Cozinhe entre 10 e 15 minutos, até a batata ficar macia. Adicione os mariscos, o leite, o sal e a pimenta-do-reino, aqueça tudo e sirva com um belo pedaço de manteiga derretendo por cima.

Já foram trinta. Obviamente, alguns meses têm 31 dias. Nesse caso, vá a um restaurante no 31° dia.

2

As sobras

OU TODA FAMÍLIA PRECISA DE UM CACHORRO

Algumas mulheres conseguem usar sobras durante uma semana inteira. A carne do domingo vira o picadinho da segunda-feira, que vira o pimentão recheado da terça, que acaba voltando como torta de tamale e assim por diante, até que a carne – ou o marido – desapareça. Essas pessoas chegam a esquentar um bolo duro e servi-lo com calda, como se fosse um pudim.

Mas, quando você odeia cozinhar, não faz esse tipo de coisa. Fica apenas pensando que deveria fazer. Assim, por mais que não goste daquele pote cheio de frango à realeza, você não joga o frango no lixo, porque seria muito desperdício. De qualquer forma, você leu em algum lugar que pode rechear barquetes de massa folhada com ele e servi-las como aperitivo.

Na verdade, lá no fundo, você sabe que jamais vai preparar uma coisa dessas. E também tem consciência de que não vai comer o frango no almoço de amanhã, porque não vai estar com vontade e sabe que ele não vai combinar com o jantar de amanhã, que será fígado com bacon. Tem consciência ainda de que não pode empurrá-lo para o seu filho mais novo (mandando na lancheira), porque ele nem comeu o frango na noite passada, quando estava novo. Você sabe que ele simplesmente detesta pimentão.

Mas, mesmo assim, você não consegue se desfazer daquilo! Então o guarda na geladeira e ali ele fica, sendo lentamente empurrado para o fundo, atrás de outros potes com sobras de vários outros pratos. E ali o franguinho permanece até o dia de limpar a geladeira, quando você o recolhe junto com seus amiguinhos embolorados e, com grande leveza de espírito, o joga no lixo.

Sabe qual é o principal problema aqui? Seu complexo de culpa. É isso que você precisa eliminar. E não é fácil. Vivemos em uma época em que todos gostam de cozinhar. Você vê suas amigas reformando a cozinha e economizando para comprar equipamentos sofisticados e novos livros de receitas, chamados *A berinjela chega para a festa* ou *Vamos valsar cozinha adentro*, e acaba se sentindo excluída.

De fato, seus livros de receitas são os culpados por seu peso na consciência e, portanto, pelos problemas com as sobras. Vamos usar como exemplo aquela xícara quase cheia de milho que sobrou. A receita manda usá-lo como base para algo chamado magníficos tomates recheados. Misture farinha de rosca e salsão picado ao milho e tempere bem, os livros dirão sem especificar nada, recheie os tomates ocos e asse-os.

É claro que ideias como essa são ótimas para quem gosta de cozinhar. É um desafio para a imaginação criativa dessas pessoas. Além disso, elas saberão como temperar direito (coentro? cerefólio?) e, mesmo que o resultado não seja exatamente magnífico, é bem provável que fique bom.

No entanto, se você odeia cozinhar, é melhor evitar o truque do milho e apenas fatiar aqueles belos tomates em grandes rodelas, espalhá-las sobre folhas de agrião, temperá-las com sal, pimenta-do-reino e cebolinha picada e servi-las. Porque você não vai empregar muita criatividade naquele recheio, já que nem a ideia a deixou muito animada, e seus magníficos tomates recheados terão gosto de tomates recheados com restos de milho.

E esses livros de receitas ainda fazem outra coisa. Parecem achar que *tudo* são sobras que devem ser reaproveitadas.

Um bolo, por exemplo. É como dizer a você o que fazer com o que sobra de uísque num copo. Não existem sobras de bolo. Bolo é bolo, as pessoas simplesmente comem ou não. E, se a família não aprovou a cobertura de café que você fez, dê o resto do bolo para a vizinha antes que estrague. (Talvez *ela* faça alguma coisa com ele, mas você não terá que comer. Talvez ela até jogue no lixo, mas você não vai ficar sabendo e não vai sentir remorso. Como o destino daquela ninhada de gatinhos que você foi obrigada a deixar no centro de controle de zoonoses, existem coisas que é melhor não saber.) E obviamente você não quer deixar o bolo estragar para usá-lo em alguma receita de bolo podre para sua família. Foram eles que deixaram sobrar tanto bolo, lembra?

Ou queijo. Os livros de receitas lhe dirão o que fazer com sobras de queijo. Mas não existem sobras de queijo – esse é um ingrediente básico. Se você ralá-lo e colocá-lo em um pote tampado na geladeira, *bem na frente de tudo*, talvez se lembre de usá-lo para gratinar pratos ou fazer sanduíches. (Não acredite nessa história de que embrulhar o queijo em um pano embebido em vinho vai mantê-lo fresco, porque isso não funciona, apenas desperdiça vinho. O vinagre, usado da mesma forma, é um pouco mais eficiente, mas ainda assim exige muito trabalho.)

E ovos! A maioria dos livros de receitas revela uma enorme preocupação com claras e gemas que sobram. Existem quatro mil coisas que você pode fazer com uma clara ou uma gema, mas todas exigem mais tempo na cozinha e acabam resultando em mais sobras, que são o que você queria evitar desde o início.

A única coisa que eles não mencionam é que você pode dar a gema ou a clara para o cachorro. Elas fazem muito bem à aparência de cães e gatos. Quanto custou aquele ovo? Provavelmente centavos, e você só vai desperdiçar metade, o que é muito barato para um tratamento de beleza.

Agora chegamos ao cerne da questão. Coisas caras nunca sobram. Você sempre tem sobras de arroz selvagem? Ou de morangos orgânicos? Não. O que costuma sobrar é aquela mistura terrível de legumes, que mal vale alguns centavos. Você precisa levar em conta esse fato.

Só mais uma observação antes de voltarmos ao trabalho. Especialistas em economia doméstica chegaram ao cúmulo de batizar as sobras de "sobras planejadas". Na verdade, eles querem que você cozinhe uma quantidade bem maior de um prato e depois use as sobras para fazer novas e empolgantes receitas, segundo eles, por várias semanas.

É verdade que algumas pessoas gostam mais de determinado prato no dia seguinte. Batatas gratinadas, quando fritas na manteiga, ou salada de batatas, ou feijões assados. Toda família tem suas preferências. E é verdade que sobras de arroz espanhol ou enformado de tamale são ótimas para rechear pimentões verdes, contanto que sejam usadas antes que fiquem com uma aparência horrorosa.

Mas, se você odeia cozinhar, não caia na armadilha das "sobras planejadas". Você vai acabar se odiando também ao pensar na enorme quantidade de sei lá o quê que terá de usar antes de poder enfrentar o mundo de cara limpa e braços abertos novamente.

A regra é a seguinte: faça meia receita, se preciso, para que haja apenas o suficiente para a refeição a que se destina. E compre ingredientes em pequenas quantidades, como fazem os franceses. Qual é a vantagem de comprar dois abacates com desconto se você vai usar apenas um e deixar o outro estragar?

E o lema que deve estar afixado na porta da sua geladeira é:

NA DÚVIDA, JOGUE FORA.

Lembre-se: se os legumes foram cozidos duas vezes, já não contêm vitamina nenhuma. Além disso, se sua geladeira estiver cheia de potinhos, terá de trabalhar mais para manter tudo refrigerado. No fim, você terá de pagar pelo conserto da geladeira, o que sairá mais caro do que jantar com seu marido em um belo restaurante, com garçons de uniforme e música suave.

Por fim, e talvez o mais importante, todas aquelas sobras desanimam a família. Na ânsia de saber o que terão para jantar, eles começam a ter maus pressentimentos e acabam se perguntando qual será o problema da mamãe. Por dentro, a geladeira dela não se parece em nada com as geladeiras das revistas, e a mamãe fica desacreditada.

Na verdade, o único tipo de sobra com o qual você deve se preocupar é a carne. Mesmo quem odeia cozinhar não consegue jogar no lixo um ou dois quilos de carne de boi, carneiro, porco ou peru. Então vamos analisar o problema da carne.

Antes de fazer alguma coisa com aquele pobre pedaço de proteína, faça a si mesma algumas perguntas:

- Você já misturou sobras de carne a uma travessa de batatas gratinadas, com bastante queijo por cima?
- Já cobriu sobras de carne com fatias de queijo suíço e as serviu como sanduíche cortado em triângulos, ao redor de uma porção de salpicão?

- Já reapresentou sobras de carne em forma de tábua de frios, com ovos cozidos no meio e bolinhos de milho para acompanhar? É fácil esquecer o óbvio.
- E você já moeu sobras de carne com picles, cebola e salsão, adicionou maionese e usou como recheio de sanduíches?

Se puder honestamente responder "sim" às perguntas anteriores, você está no páreo. Está prestes a começar a cozinhar.

Esta é uma boa receita que você pode fazer com sobras de *qualquer* carne:

BOI DOMADO

4 porções

✓ 1 baguete ou bengala de pão francês, cortada no sentido do comprimento
✓ 1 pote de requeijão cremoso
✓ Sobras de carne, fatiadas ou picadas (hambúrguer frito esfarelado também fica bom)
✓ 180 g de champignons
✓ 1½ colher (chá) de orégano
✓ ¾ xícara (chá) de cebolinha picada
✓ 340 g de molho de tomate
✓ ¼ xícara (chá) de azeite (ou outro óleo para salada)

Forre o fundo de uma assadeira ou travessa rasa com papel-alumínio, levantando as bordas para que o molho não escape. Coloque as duas metades do pão no fundo, com o miolo virado para cima. Espalhe o requeijão até as beiradas, porque isso evitará que o pão fique mole. Espalhe os próximos quatro ingredientes da lista e cubra com o molho de tomate. Por fim, regue tudo com o azeite. Leve ao forno pré-aquecido a 160° C por 20 minutos.

Eis algumas receitas, além de pimentões recheados e torta de carne, que você pode fazer usando SOBRAS DE CARNE ASSADA.

ESPETINHOS SECRETOS

(São assim chamados porque a família não pode saber que se trata do assado de domingo que ainda os persegue.)

Você precisa de um espetinho de churrasco por pessoa.

Para cada espetinho, você vai precisar de (ajuste de acordo com as preferências de cada um):

- ✓ Cubos de carne
- ✓ 2 champignons grandes inteiros
- ✓ 1 cebola pequena inteira
- ✓ 2 pedaços de tomate ligeiramente verdes

Primeiro, faça uma marinada misturando:

- ✓ ¼ xícara (chá) de vinho tinto barato
- ✓ ¼ xícara (chá) de azeite
- ✓ 1 dente de alho partido ao meio
- ✓ 1 pitada de tomilho e orégano

Deixe os cubos de carne descansando nessa marinada por 3 ou 4 horas, mexendo de vez em quando. Depois, coloque os cubinhos nos espetos, alternando com os legumes, que também devem ser pincelados com a marinada antes de assar.

Se quiser, use a churrasqueira. Caso contrário, a grelha do forno funciona bem (mas não deixe de colocar uma assadeira sob os espetos, para não sujar o interior do forno).

De qualquer forma, cozinhe-os rapidamente perto do fogo. A carne já estava assada, você sabe. Agora ela só precisa dourar.

REPETECO DE CARNE

(Conhecido em alguns lugares como pavê Eiffel.)

- ✓ 1 colher (sopa) de manteiga
- ✓ 1 dente de alho partido ao meio
- ✓ 2 cebolas cortadas em fatias finas
- ✓ 1 colher (sopa) de farinha de trigo
- ✓ ½ xícara (chá) de vinho branco
- ✓ 1 xícara (chá) de caldo de carne (1 tablete dissolvido em 240 ml de água quente)
- ✓ Sobras de carne assada cortadas em fatias finas
- ✓ ½ colher (chá) de páprica
- ✓ 1 colher (chá) de vinagre de vinho tinto

Primeiro derreta a manteiga em uma frigideira, depois refogue o alho por 2 minutos e remova-o *imediatamente*. Coloque as cebolas na frigideira e polvilhe-as com a farinha. Mexa até ficarem levemente douradas, então adicione o vinho e o caldo de carne e cozinhe em fogo baixo por 15 minutos. Adicione a carne e a páprica. Não deixe o molho ferver. Cozinhe apenas por tempo suficiente para aquecer a carne, cerca de 5 minutos. Logo antes de servir, adicione o vinagre de vinho tinto.

E agora três coisas para fazer com SOBRAS DE CARNEIRO ASSADO.

SANDUÍCHES DE SOBRAS DE CARNEIRO

(Com uma sopa, o jantar está pronto.)

Moa cerca de 2 xícaras (chá) das sobras de carneiro e adicione 3 colheres (sopa) de queijo parmesão ralado. Adicione um pouco de maionese para obter um patê liso e acrescente mostarda e raiz-forte em conserva a gosto. Em seguida, espalhe o patê em fatias finas de pão escuro – preto ou de centeio – com alface.

CURRY INDONÉSIO

6 porções

(Este é um curry suave que veio da Indonésia por San Francisco, com uma rápida, porém agradável parada em Grants Pass.)

✓ 1 xícara (chá) de cebola picada
✓ 2 maçãs descascadas e picadas
✓ 5 colheres (sopa) de manteiga
✓ ¼ xícara (chá) de farinha de trigo
✓ 2 colheres (chá) de curry em pó
✓ 800 ml de caldo de carne (2 tabletes dissolvidos em 800 ml de água quente)
✓ 1 xícara (chá) de água
✓ Suco de 1 limão
✓ 2 xícaras (chá) de sobras de carneiro em cubos
✓ 1½ xícara (chá) de arroz cru

Refogue a cebola e a maçã juntas em uma frigideira funda, até ficarem macias, usando 2 colheres (sopa) da manteiga. Em seguida, adicione o restante da manteiga e acrescente a farinha e o curry em pó, peneirados. Mexa tudo até incorporar bem. Depois adicione o caldo de carne, a água, o suco de limão e as sobras de carneiro. Deixe ferver em fogo baixo por um período de 30 minutos a 1 hora, enquanto o arroz cozinha.

Isso lhe dará um bom tempo para descansar. Você pode relaxar tomando um drinque, ou sujar vários pratinhos com:

- Amendoins picados
- Cebolinha picada
- Amêndoas picadas
- Coco torrado
- Pepino picado
- Bananas fatiadas
- Raspas de casca de laranja
- Bacon esmigalhado
- Uvas-passas
- Chutney

para servir de acompanhamento. A escolha é sua.

PIMENTÕES COM FAVAS

6 porções

(Você pode usar sobras de vitela também.)

Corte a extremidade do cabinho de seis belos pimentões verdes e remova as sementes. Em seguida, cozinhe os pimentões em água fervente por 5 minutos, ou até que comecem a ficar macios. Agora misture:

✓ ¾ xícara (chá) de carneiro bem picado
✓ ½ xícara (chá) de farinha de rosca
✓ ½ xícara (chá) de caldo de galinha (½ tablete dissolvido em ½ xícara de água quente)
✓ ½ xícara (chá) de tomate picado
✓ ½ colher (chá) de sal
✓ ½ colher (chá) de sal de alho
✓ 1 colher (chá) de vinagre de vinho tinto

Recheie os pimentões com a mistura e coloque-os em uma travessa untada. Leve-os ao forno, pré-aquecido a 180° C, por 15 minutos.

Agora, digamos que você esteja prestes a enfrentar um PRESUNTO, ou as sobras de um. Nada parece maior. Em contrapartida, há uma série de coisas que você pode fazer com ele – bolo de presunto, croquete, torta de presunto e ovos etc. –, receitas que você encontra em seu enorme livro de receitas. Aqui estão três que você não deve encontrar por lá.

JANTAR DE PRESUNTO E FAVAS

6 porções

✓ 4 talos de cebolinha picados
✓ ¼ xícara (chá) de azeite
✓ ½ pimentão verde picado
✓ 1 pitada de pimenta-malagueta
✓ ½ colher (chá) de açúcar
✓ 1 colher (chá) de sal
✓ 2 xícaras (chá) de feijão cozido
✓ 2 xícaras (chá) de presunto picado
✓ 3 tomates grandes fatiados
✓ ¼ xícara (chá) de parmesão ralado

Primeiro refogue a cebolinha no azeite até que fique levemente dourada. Adicione o pimentão, a pimenta-malagueta, o açúcar, o sal e o feijão sem o caldo. Misture tudo na panela durante 3 ou 4 minutos. Espalhe o presunto picado no fundo de uma travessa e cubra-o com a mistura de feijão. Coloque as fatias de tomate por cima e polvilhe com o queijo parmesão ralado. Asse, sem tampar, durante 30 minutos a 180° C.

PRESUNTO À JUDY O'GRADY

6 porções

Para a última etapa, reserve:

✓ 1 ou 2 colheres (sopa) de farinha de rosca
✓ Manteiga

Primeiro, cozinhe 170 g de macarrão até ficar macio. Em seguida, separe:

✓ 250 g de presunto moído
✓ 250 g de queijo cheddar moído
✓ 1 pimentão verde picado

Depois adicione:

✓ 1 colher (chá) de raiz-forte em conserva
✓ ½ colher (chá) de sal
✓ 1 lata de sopa condensada creme de champignon, galinha ou salsão, diluída em ¼ xícara (chá) de leite

Assobiando alegremente, misture tudo, incluindo o macarrão, menos a farinha de rosca e a manteiga. Asse por 40 minutos em uma travessa untada e tampada, no forno a 180° C. Depois retire a tampa, polvilhe com farinha de rosca, espalhe pedacinhos de manteiga sobre a farinha e leve ao forno para gratinar.

O PRESUNTO DA MULHER DO CORONEL

5 a 6 porções

✓ 1¼ xícara (chá) de arroz cru
✓ 250 g de presunto cortado em tiras
✓ 2 colheres (sopa) de manteiga

✓ ½ xícara (chá) de cebola picada
✓ 2 colheres (chá) de farinha de trigo
✓ 1 xícara (chá) de creme azedo (ou coalhada, ou iogurte natural)
✓ 180 g de champignons

Comece cozinhando o arroz, que servirá como base. Depois refogue as tirinhas de presunto e a cebola na manteiga, até a cebola ficar macia. Junte a farinha de trigo, misture tudo, abaixe o fogo e, aos poucos, adicione o creme azedo e os champignons, mexendo sempre. Mexa por mais alguns minutos enquanto a mistura engrossa e estará pronto.

E sempre há SOBRAS DE CARNE DE PORCO.

Lembre-se, ela fica ótima servida fria, com purê de maçã gelado.

Você também pode fazer:

GUNG HO

(Esta receita é vergonhosamente fácil e todo mundo gosta, inclusive crianças pequenas, o que é uma grande vantagem.)

Corte as sobras de carne de porco em tirinhas, removendo o máximo de gordura possível. Caso você tenha guardado os líquidos do cozimento da carne, adicione um pouco de água (cerca de ⅓ de xícara), mexa e aqueça. Depois adicione caldo de galinha dissolvido em água suficiente para fazer uma quantidade razoável de molho. (Caso não tenha guardado os líquidos, você pode usar apenas o caldo de galinha.) Agora adicione as tirinhas de carne de porco, aqueça tudo e em seguida despeje sobre macarrão do tipo chinês cozido. Junte cebolinha picada e um borrifo de molho de soja.

SUB GUM YUK

3 a 4 porções

Primeiro, abra um pacote (90 g) de macarrão crocante chinês pronto para consumo e coloque ¾ do conteúdo em uma tigela. Reserve o restante para polvilhar depois.

Agora misture ao conteúdo da tigela:

- ✓ 1 lata de sopa condensada creme de champignon
- ✓ ¼ xícara (chá) de água
- ✓ 1 xícara (chá) de sobras de carne de porco picada
- ✓ 1 xícara (chá) de salsão fatiado
- ✓ ¼ xícara (chá) de cebola picada
- ✓ ½ colher (chá) de sal e pimenta-do-reino
- ✓ 2 colheres (chá) de molho de soja ou xerez
- ✓ ¼ xícara (chá) de castanha-de-caju ou nozes picadas

Coloque toda a mistura em uma travessa untada, cubra com o restante do macarrão e, se você tiver mais castanhas ou nozes, jogue-as por cima. Asse, sem tampar, por 30 minutos a 180° C. (Esta receita, por acaso, também fica ótima com duas latas de atum em pedaços no lugar das sobras de carne de porco.)

SOBRAS DE FRANGO: Quem consegue ter sobras de frango? Eu nunca tenho, tampouco ninguém que conheço. Uma coxa pode até sobrar de vez em quando, e o que você deve fazer é comê-la.

SOBRAS DE PERU são, é claro, algo totalmente diferente. As duas receitas a seguir são boas porque não supõem que você tenha muitas sobras de molho em casa.

PAVÊ DE PERU

5 a 6 porções

- ✓ 1 lata de sopa condensada creme de frango ou champignon (levemente diluída em 2 colheres (sopa) de xerez e um pouco de creme de leite)
- ✓ 280 g de brócolis cozidos
- ✓ 6 fatias grandes de carne de peru
- ✓ Queijo parmesão ralado

Coloque cerca de ¼ da sopa diluída em uma travessa untada. Espalhe o brócolis sobre ela, cubra-o com as fatias de carne de peru e derrame o restante da sopa por cima. Polvilhe generosamente com parmesão e asse a 180° C, sem tampar, por cerca de 20 minutos.

PERU TETRAZZINI

5 a 6 porções

(Esta não é exatamente uma receita fácil, porque você precisa fazer o molho branco. Mas, se algum dia você tiver visitas logo depois do Natal, vai me agradecer por ela.)

- ✓ 250 g de espaguete cru
- ✓ 110 g de champignons frescos
- ✓ 5 colheres (sopa) de manteiga
- ✓ ⅓ xícara (chá) de farinha de trigo
- ✓ 2 xícaras (chá) de caldo de galinha ou de peru (1 tablete dissolvido em 2 xícaras de água quente)
- ✓ 1 xícara (chá) de creme de leite
- ✓ Sal e pimenta-do-reino a gosto
- ✓ 2 colheres (sopa) de xerez
- ✓ 2 xícaras (chá) de carne de peru picada
- ✓ ½ xícara (chá) de parmesão ralado

Primeiro, cozinhe o espaguete seguindo as instruções da embalagem. Fatie os champignons e refogue-os com 1 colher (sopa) da manteiga, até ficarem levemente dourados.

Em seguida, prepare o molho branco: misture as 4 colheres restantes de manteiga com a farinha de trigo em uma travessa em banho-maria. Adicione o caldo de galinha ou peru e cozinhe, sem parar de mexer, até engrossar. Adicione o creme de leite, o sal, a pimenta-do-reino e o xerez.

Agora, divida o molho em duas tigelas. Em uma, coloque a carne de peru e, na outra, os champignons e o espaguete cozido. (A essa altura, você já deve estar se perguntando por que começou isso, mas estamos quase no fim.)

Coloque o molho com o espaguete e os champignons em uma travessa untada e faça um buraco no meio. Dentro do buraco, coloque o molho com a carne de peru. Polvilhe parmesão e asse, sem tampar, por 20 minutos a 200° C.

E, da próxima vez, faça o favor de comprar um peru pequeno!

3

Legumes, saladas, molhos para salada

OU NÃO SE ESQUEÇA DAS VITAMINAS

Certa vez, conheci uma garotinha que adorava legumes e verduras. Se deixassem aquela coelhinha sozinha com uma travessa de salada, ela instantaneamente acabaria com todos os buquês de couve-flor e palitinhos de cenoura.

Mas essa garotinha faz parte de uma minoria. Para obter uma prova científica, faça o seguinte: de um lado de uma travessa, coloque uma pilha de vagens refogadas; do outro, uma pilha de ostras defumadas. Então observe cuidadosamente o que vai sobrar. Você nem precisa ser assim tão sofisticada. Um punhado de amendoins salgados sempre vai ganhar das vagens.

É preciso encarar os fatos. Legumes e verduras simplesmente não são tão saborosos quanto a maioria das outras coisas. E não há um único legume, quente ou frio, que chegue aos pés de um pêssego maduro ou de um morango. Até milho cozido precisa de manteiga e sal. (É interessante notar que os legumes que começam com a letra A são os mais autossuficientes, como alcachofras, aspargos e abacates, que a essa altura do campeonato já passaram há muito do reino das frutas para o dos legumes, não importa o que os botânicos digam. Mas, quanto mais para o fim do alfabeto vamos nos dirigindo, passando por rabanetes, salsão e vagens, piores eles ficam, por conta de toda a manteiga e o sal que exigem.)

Na verdade, bem lá no fundo, os nutricionistas também sabem disso, o que fica evidente pela quantidade de adjetivos que usam sempre que descrevem um legume. "Como acompanhamento, sirva um prato repleto de pequenas e cremosas beterrabas frescas!" Mas elas continuam sendo apenas beterrabas, e não existe motivo para empolgação.

Nunca cometa o erro de misturar dois legumes repulsivos na esperança de que o resultado fique bom. *Dois erros nunca resultam em acerto*. Conheci uma mulher que cozinhava cenouras enormes, as cortava ao meio, retirava o miolo e as recheava com ervilhas enlatadas.

Para deixar a maioria dos legumes com sabor agradável, você precisa esconder o gosto das vitaminas com calorias. Você usa manteiga, óleo, creme azedo, frutas secas, bacon picado, champignons e queijo, bem como suco de limão, vinagre, ervas e muitas outras coisas das quais falaremos em breve.

Além de ser engordativo, também dá muito trabalho. Certamente você não fará isso com frequência. E também não há motivo para isso. Cedo ou tarde, as crianças precisam aprender que a vida não se resume a cerveja e doces, como seu marido já sabe. Não fará mal algum a elas comer legumes na manteiga sob a mira de um revólver e ouvir o que vai acontecer com os dentes, a pele e o traseiro delas caso não comam.

Além disso, existe certo *glamour* em servir legumes crus. Sem dúvida, ao servir um prato sofisticado, o pessoal da alta gastronomia fará caretas se você servir algo além de legumes simples como acompanhamento, o que vai tirar um fardo enorme de suas costas.

Então, arregace as mangas e sirva aquele prato cheio de pequenas e cremosas beterrabas frescas, dizendo – se quiser: "Afinal, não há nada como manteiga, sal e pimenta-do-reino moída na hora". (Certifique-se de moer a pimenta na hora, porque muita gente exige que ela esteja visível sobre a comida.)

No entanto, de vez em quando, ao servir um prato principal bem simples (como algo descongelado), ou quando você não aguentar mais legumes sem graça, é bom saber o que fazer.

Em primeiro lugar, encontre um tempero pronto de que você goste e adicione-o a manteiga derretida. Essa é uma maneira fácil de aprimorar inúmeros tipos de legumes.

Segundo, você pode adicionar um tablete de caldo (de carne, galinha ou legumes) à água do cozimento. Isso também ajuda no sabor.

Terceiro, as autoridades afirmam que uma pitadinha de açúcar, com os outros temperos, realça o sabor de qualquer legume. A questão aqui é saber se você quer realçar ou esconder o sabor, mas essa é uma decisão pessoal.

Quarto, existe um molho de queijo fácil de fazer que você pode ter sempre à mão para aprimorar couve-flor, repolho, aspargos, vagens etc.

MOLHO FÁCIL DE QUEIJO

- ✓ 450 g de queijo processado de sabor forte, cortado em cubinhos
- ✓ 1½ xícara (chá) de leite evaporado
- ✓ 1½ colher (chá) de sal
- ✓ 2 colheres (chá) de mostarda em pó

Derreta o queijo em banho-maria e adicione os demais ingredientes. Mexa até a mistura ficar homogênea. Depois coloque-a em um pote, tampe-o e guarde-o na geladeira. Quando quiser usar o molho, coloque a quantidade que deseja em uma panela em banho-maria novamente, dilua com um pouco de leite e aqueça.

Quinto, existe um falso molho holandês que fica ótimo com alcachofras, aspargos e tudo o mais onde você colocaria molho holandês.

FALSO MOLHO HOLANDÊS

- ✓ ¾ xícara (chá) de maionese
- ✓ ⅓ xícara (chá) de leite
- ✓ Sal e pimenta-do-reino a gosto
- ✓ 1 colher (chá) de suco de limão

Aqueça a maionese com o leite em banho-maria por 5 minutos, mexendo sempre. Adicione os demais ingredientes, mexa por mais 1 minuto e estará pronto.

E vamos às receitas.

CENOURAS PARA VISITAS

3 a 4 porções

(Há séculos as pessoas fazem de tudo para camuflar as cenouras. Uma vez vi uma receita que pedia cenouras, mel, orégano, queijo suíço ralado e castanhas, o que é um tremendo desperdício.)

Corte cenouras em tiras até obter 2 xícaras (chá) cheias. Cozinhe-as até ficarem macias e escorra-as. Depois, misture os seguintes ingredientes em uma frigideira:

✓ 3 colheres (sopa) de manteiga
✓ 2 colheres (sopa) de açúcar
✓ ½ colher (chá) de páprica
✓ Suco de ½ limão

Adicione as cenouras e refogue-as por 10 minutos, mexendo com frequência para que o molho cubra todas as tiras.

CENOURAS DE FORNO

4 a 5 porções

(Se não tiver suco de limão e quiser preparar cenouras mesmo assim, você pode fazer esta receita. É mais trabalhosa, mas não exige atenção, as cenouras ficam crocantes e o prato fica com um visual belíssimo.)

✓ 4 cebolinhas picadas
✓ 3 colheres (sopa) de manteiga
✓ 10 a 12 cenouras pequenas (ou 5 grandes) cortadas em tiras
✓ 3 colheres (sopa) de salsinha picada
✓ 1 colher (chá) de sal
✓ 1 pitada de pimenta-do-reino
✓ ¼ xícara (chá) de creme de leite

Refogue a cebolinha na manteiga até ficar macia. Adicione as cenouras, a salsinha, o sal e a pimenta-do-reino e coloque a mistura toda em uma travessa untada. Espalhe o creme de leite por cima, cubra e asse a 180° C por 45 minutos.

CRIANÇAS *VERSUS* CENOURAS

Crianças que fazem escândalo por causa de cenouras às vezes podem comê-las se você cozinhar as cenouras junto com batatas e amassar tudo como um purê. Nem sempre, mas às vezes.

VAGENS BEM COMESTÍVEIS

6 porções

(Muitas receitas com vagens pedem ingredientes caros, como cogumelos frescos e amêndoas torradas, e mesmo assim você sente o sabor das vagens. Cozinhá-las com um osso de pernil suíno também dá certo, mas lembre-se: o osso não foi de graça. Esta receita não pede nada exótico e o sabor é ótimo.)

- ✓ 1 kg de vagens cozidas
- ✓ 5 colheres (sopa) de manteiga
- ✓ Sal e pimenta-do-reino a gosto
- ✓ 1 colher (sopa) de salsinha picada
- ✓ 1 dente de alho picado
- ✓ Suco de ½ limão

Refogue as vagens cozidas na manteiga, com o sal, a pimenta-do-reino, a salsinha e o alho, por 7 a 10 minutos. Logo antes de servir, cubra-as com o suco de limão. (Observação: Essas vagens são a exceção à regra das sobras, na p. 51. Se sobrarem vagens, você deve guardá-las, pois ficam ótimas em saladas.)

VAGENS DO BEN

Ele faz o seguinte: refoga 150 g de champignons picados em um pouco de manteiga, junta vagens cozidas, sal e pimenta-do-reino. Depois, em fogo baixo, adiciona creme azedo (ou coalhada, ou iogurte natural) suficiente para fazer um molho, aquece tudo e serve.

Se você estiver assando carne no forno a 160° C e quiser um legume para aproveitar a fornada, pode fazer:

VAGENS SIMPLES

3 a 4 porções

Cozinhe e escorra 500 g de vagens, depois adicione:

- ✓ 1 colher (sopa) de cebola picadinha
- ✓ ½ colher (chá) de sal
- ✓ ¾ xícara (chá) de sopa condensada creme de champignon diluída em um pouco de leite
- ✓ 2 colheres (sopa) de pimentão vermelho picado (opcional)

Coloque tudo em uma travessa e asse, sem tampar, por 1 hora a 160° C. Se quiser deixar por mais tempo, não há problema. (Vagens enlatadas também podem ser usadas nesta receita.)

PICLES DE BETERRABA

Se por acaso você comer o último picles em conserva do pote e, ao mesmo tempo, reparar que tem na despensa uma lata de beterrabas em conserva (mesmo sendo uma série de acontecimentos improvável), pode colocar as beterrabas no pote com o molho do picles, tampar e na manhã seguinte terá picles de beterraba. (Beterrabas cozidas também podem ser usadas nesta receita.)

REPOLHO COM CREME AZEDO

5 a 6 porções

(Não faça esta receita para visitas, a menos que sua cozinha fique a dois quarteirões da sala de estar, mas é fácil e saborosa.)

✓ 1 repolho verde firme
✓ 1 ovo bem batido
✓ 2 colheres (sopa) de açúcar
✓ ½ colher (chá) de noz-moscada
✓ Sal e pimenta-do-reino
✓ 1 xícara (chá) de creme azedo (ou coalhada, ou iogurte natural)

Pique o repolho em tiras finas e jogue o miolo fora. Cozinhe-o no mínimo de água possível por 5 a 10 minutos, até que fique macio. Escorra e adicione os demais ingredientes. Misture bem e aqueça tudo em fogo baixo.

A SOLUÇÃO PARA ERVILHAS EM LATA

Primeiro, compre 500 g de ervilhas em lata. Escorra-as. Depois, fatie três cebolinhas e refogue-as por 1 minuto em 1 colher (sopa) de azeite. Adicione as ervilhas e:

✓ ¼ colher (chá) de tomilho
✓ 1 pitada de sal e pimenta-do-reino
✓ ¼ de pé de alface picado

e mexa de vez em quando, enquanto aquece tudo em fogo baixo.

CEBOLAS ASSADAS

- ✓ 500 g de cebolas pequenas cozidas
- ✓ 2 colheres (sopa) de manteiga
- ✓ ¼ xícara (chá) de farinha de rosca
- ✓ ¼ xícara (chá) de parmesão ralado
- ✓ Sal e pimenta-do-reino a gosto

Escorra as cebolas e passe-as em água fria. Derreta a manteiga em uma travessa e espalhe as cebolas por cima. À parte, misture a farinha de rosca, o parmesão, o sal e a pimenta-do-reino e espalhe a mistura sobre as cebolas, antes de colocá-las por 7 minutos no forno quente.

CEBOLAS IDIOTAS

3 porções

Misture 500 g de cebolas pequenas cozidas com 1 embalagem de molho branco pronto (ou faça 2 xícaras de seu próprio molho e adicione um pouquinho de molho inglês). Coloque a mistura em uma assadeira ou travessa, polvilhe com bastante parmesão ralado e asse por 25 minutos a 160° C.

TOMATES CROCANTES

Corte alguns tomates firmes em fatias grossas e tempere-as com sal e pimenta-do-reino. Passe-as no fubá e frite-as em gordura de porco, azeite ou manteiga até ficarem douradas.

ESPINAFRE INDOLOR

4 porções

- ✓ 1 pacote de espinafre congelado (ou 500 g de espinafre cru)
- ✓ 1 dente de alho cortado ao meio
- ✓ 1 colher (sopa) de manteiga
- ✓ Sal
- ✓ Pimenta-do-reino
- ✓ Suco de ½ limão

Primeiro, cozinhe o espinafre e escorra-o. Depois, refogue o dente de alho na manteiga. Retire-o em seguida e adicione o espinafre. Refogue-o por 5 minutos. Antes de servir, tempere com sal e pimenta-do-reino e cubra com o suco de limão.

SURPRESA DE ESPINAFRE

4 porções

(A surpresa é que geralmente não sobra nada, mesmo quando servido para pessoas que detestam espinafre.)

- ✓ 1 pacote de espinafre congelado (ou 500 g de espinafre cru) picado
- ✓ ¼ xícara (chá) de cebola picada
- ✓ ¼ xícara (chá) (ou 50 g) de manteiga
- ✓ 1 pitada de sal
- ✓ ½ xícara (chá) de creme azedo (ou coalhada, ou iogurte natural)
- ✓ 1 colher (chá) de vinagre

Cozinhe o espinafre com a cebola. Derreta a manteiga e adicione o espinafre (bem escorrido), mexendo bem. Adicione o sal e o creme azedo e misture. Por fim, adicione o vinagre. Mexa tudo e sirva.

∾

Agora vamos às SALADAS.

Muitos pratos já foram chamados de "salada", incluindo fatias de pêssego em calda com gelatina de limão, banana, nozes, chantilly e queijo cottage. Certa vez, conheci uma mulher que tirava o caroço de ameixas cozidas e as recheava com pasta de amendoim.

Mas quem odeia cozinhar só precisa se preocupar com dois tipos de salada: de vegetais e de frutas. Das duas, a salada de vegetais é a mais importante, porque dá menos trabalho que cortar todas aquelas frutas. E em primeiro lugar entre as saladas de vegetais vem a SALADA DE FOLHAS VERDES.

É importante gravar na memória a proporção adequada do clássico molho para salada de folhas, feito de vinagre e azeite. De maneira geral, funciona da seguinte forma:

1 PARTE DE VINAGRE E 2 PARTES DE AZEITE

Ou, explicando de outra forma:

2 PARTES DE AZEITE E 1 PARTE DE VINAGRE

(Essas proporções estão em destaque porque, quando você detesta cozinhar, é fácil inverter as medidas, e o resultado daria para fazer picles.)

Além disso, se for servir vinho no jantar, você deve usar suco de limão em vez de vinagre. Mas, se seus amigos forem como os meus, eles não vão notar a diferença, ou não dirão nada se notarem.

É claro que você precisa de um pouco de sal e pimenta-do-reino, e pode esfregar na tigela um dente de alho cortado ao meio se quiser, ou amassar meio dente de alho com o sal, caso goste bastante. E é só isso: um tempero saboroso, simples e fácil para usar sobre vários tipos de alfaces, endívias, espinafre fresco ou o que estiver à mão.

Se quiser, você também pode adicionar anchovas e fatias finas de pepino com casca, ou corações de alcachofra, fatiados ou não, ou tomates, pepinos e cebolinha picados, ou, por mais estranho que possa parecer, gomos de mexerica, que ficam ótimas com o molho de vinagre e azeite e embelezam as folhas verdes.

E, é claro, você pode adicionar croûtons. Caso queira fazer croûtons em casa, em vez de comprá-los – os caseiros são melhores, mas obviamente dão mais trabalho –, você pode seguir esta receita:

CROÛTONS

✓ ¼ xícara (chá) de azeite
✓ 1 dente de alho cortado ao meio
✓ 4 fatias de pão cortadas em cubinhos

Coloque o azeite em uma frigideira em fogo baixo e adicione as duas metades do alho. Quando o óleo estiver quente, adicione os cubinhos de pão. Mexa bem para que o óleo cubra todos os cubinhos. Na verdade, é melhor sacudir a frigideira, pois os quadradinhos de pão queimam num piscar de olhos. Retire as metades de alho alguns minutinhos depois e, quando os cubinhos estiverem dourados, coloque-os para escorrer em papel-toalha. Eles devem ser guardados na geladeira, em um pote fechado. Antes de usá-los em saladas, aqueça-os por 10 minutos em forno pré-aquecido a 160° C.

Depois temos estes dois molhos à base de creme azedo, que são bem fáceis de fazer.

MOLHO FÁCIL DE CREME AZEDO Nº 1

Adicione o suco de ½ limão a 1 xícara (chá) de creme azedo ou iogurte natural (o iogurte é mais barato, engorda menos e funciona bem nesse caso) e tempere com sal e pimenta-do-reino a gosto.

Se você adicionar ketchup a esse molho, ele também vai ficar bom com frutos do mar.

MOLHO FÁCIL DE CREME AZEDO Nº 2

Apenas misture:

✓ ½ xícara (chá) de maionese
✓ ½ xícara (chá) de creme azedo ou iogurte natural
✓ ½ colher (chá) de sal
✓ 1 pitada de páprica
✓ 1 colher (chá) de cebola bem picadinha
✓ 2 colheres (chá) de sementes de alcaravia (kümmel)

O mais fácil de todos talvez seja o:

MOLHO ROQUEFORT

Simplesmente adicione queijo roquefort ou gorgonzola esmigalhado ao clássico molho de vinagre e azeite. Você também pode comprar um bom molho roquefort industrializado para salada no supermercado. É só procurar.

Também temos aqui mais três boas receitas de salada, especialmente práticas para servir às visitas, já que podem ser preparadas com antecedência.

TOMATES FATIADOS ELEGANTES

(Se puder, prepare esta salada com algumas horas de antecedência, para que o sabor se intensifique.)

✓ Tomates
✓ Cebolas
✓ Sal
✓ Pimenta-do-reino
✓ Manjericão seco
✓ Açúcar
✓ Vinagre
✓ Azeite

Coloque uma camada de fatias de tomate em uma tigela rasa de 20 ou 25 cm de diâmetro e espalhe uma camada de cebolas fatiadas por cima. Tempere com um pouco de sal e pimenta-do-reino, uma pitada de manjericão, ½ colher (chá) de açúcar, 1 colher (chá) de vinagre e outra de azeite. Faça mais uma camada de tomate e cebola e repita os temperos. Vá fazendo mais camadas de acordo com o número de pessoas a servir e com seu nível de cansaço.

SALADA CHIQUE

6 porções

✓ ½ pé de couve-flor
✓ ½ cebola grande

- ✓ ⅓ xícara (chá) de azeitonas recheadas fatiadas
- ✓ ½ xícara (chá) de molho de azeite e vinagre
- ✓ Pimenta-do-reino
- ✓ 1 pé de alface pequeno
- ✓ 70 g de queijo roquefort

Separe os buquês de couve-flor e corte-os em fatias finas. Fatie a cebola, separe as fatias em anéis e junte-as à couve-flor, acrescentando as azeitonas. Deixe tudo marinando no molho, com uma boa pitada de pimenta-do-reino, por pelo menos 30 minutos, ou até de um dia para o outro.

Ao servir a salada, corte ou rasgue a alface em pequenos pedaços e coloque numa tigela. Espalhe a marinada por cima e finalize com o roquefort esmigalhado.

TOMATES COM ALCACHOFRAS

6 porções

- ✓ 6 tomates grandes e maduros
- ✓ Sal e pimenta-do-reino a gosto
- ✓ Endro (dill) em pó
- ✓ 6 corações de alcachofra em conserva bem escorridos
- ✓ Maionese
- ✓ Creme azedo (ou coalhada, ou iogurte natural)
- ✓ Suco de limão
- ✓ Curry em pó

Mergulhe os tomates em água fervente por 1 minuto, para que a pele saia facilmente. Corte a tampa dos tomates, remova as sementes e o suco e tempere-os por dentro e por fora com sal, pimenta-do-reino e endro. Se você não tiver endro em casa, não tem problema. Coloque um coração de alcachofra dentro de cada tomate. Depois, leve os tomates à geladeira e faça um molho usando partes iguais de maionese e creme azedo, um pouco de suco de limão e ½ colher (chá) de curry em pó. Leve o molho à geladeira também. Logo antes de servir, coloque um pouco de molho por cima de cada tomate.

E agora, finalmente, falaremos da SALADA DE FRUTAS, que geralmente é improvisada. Você descasca e pica o que estiver disponível.

No verão: pêssego, melancia, banana, maçã, abacaxi, abacate, manga, uva ou qualquer combinação que desejar. E não pense que você precisa usar uma dúzia de frutas diferentes em uma salada. Não estamos no Waldorf-Astoria. Três tipos de frutas são suficientes.

E no inverno: morango, mamão, tangerina, kiwi, caqui, carambola. Mesmo encontrando vários tipos de frutas durante o ano todo, dê preferência às frutas da estação, mais atraentes no visual, no sabor e também no preço.

Você pode servir a salada de frutas sobre folhas de alface escura ou em metades de melão sem a polpa. Se as próprias pessoas forem se servir, a salada pode ser disposta em uma grande melancia sem a polpa. Ou você pode ser totalmente revolucionária e servi-la numa tigela.

E faça um destes três molhos fáceis:

MOLHO DE MEL E LIMÃO

Dilua mel em suco de limão a gosto.

MAIONESE COM LARANJA

Dilua maionese em suco de laranja a gosto.

CHUTNEY CREMOSO

- ✓ 1 xícara (chá) de creme azedo (ou coalhada, ou iogurte natural)
- ✓ ½ xícara (chá) de chutney picado
- ✓ Suco de ½ limão

Pronto.

4

Batatas e outros amidos

OU O CONTRAPESO É O MELHOR AMIGO DA MULHER

Diga BATATA a uma mulher que odeia cozinhar e aposto que ela pensará "ASSADA".

Era de esperar. Uma batata assada honesta é algo nobre. E, assim como seu vestido preto básico, ninguém repara nela, mas também não tem nada contra, e você pode incrementá-la quanto quiser.

Além disso, é fácil assar uma batata, porque basta lavá-la bem, passar manteiga e levá-la ao forno, aquecido entre 180 e 250° C, dependendo do que mais você estiver assando. E sem sujar uma única travessa!

Mas é bastante comum, enquanto você prepara o jantar, estar pensando em outras coisas e de repente reparar que *se esqueceu de colocar as batatas no forno*. Quando isso acontecer, você pode cozinhá-las por cinco minutos antes de levá-las ao forno, ou pode espetar um prego ou espeto de alumínio em cada batata. Qualquer um desses truques faz com que elas assem de quinze a vinte minutos mais rápido.

Ou, no caso de batatas que você se esqueceu de colocar ao redor de um assado num forno a 160° C, você pode cozinhá-las por *quinze* minutos e depois colocá-las ao redor do assado, e elas estarão prontas em cerca de 45 minutos.

Não acredite em quem disser que furá-las com um garfo ajuda a manter as batatas frescas e macias se você pretende esperar um tempo para comê-las. São pessoas sonhadoras, pois as batatas ficarão apenas *um pouquinho* menos murchas se furadas. Na verdade, a única coisa a fazer é comê-las assim que saírem do forno, ou então deixá-las no forno mesmo. Nesse caso, a pele ficará mais dura e crocante, mas muita gente prefere assim. Isso tudo, no entanto, não chega a ser um problema. Se uma batata meio murcha for a pior coisa que lhe acontecer, você tem mesmo muita sorte. Manteiga, sal e pimenta-do-reino farão com que ela fique saborosa do mesmo jeito.

Como incrementar batatas, se você quiser

Faça um corte em cada batata assada, sem chegar até as extremidades, e aperte-as dos lados para abri-las um pouco. Coloque sobre cada uma um pouco de manteiga de anchovas (manteiga batida com pasta de anchovas) ou manteiga de roquefort (manteiga batida com queijo roquefort), ou então sirva-as com creme azedo ou coalhada (batidos até obter a consistência de maionese), ou creme de leite misturado com pó para creme de cebola, ou salsinha e cebolinha picadas, ou pedacinhos de bacon.

É verdade que às vezes – talvez uma vez a cada década – é preciso servir um amido que não seja batata assada. Quando estiver nessa situação, as próximas receitas poderão lhe ser úteis.

BATATAS O'GROTTEN

(Uma antiga receita irlandesa fornecida pela mãe O'Grotten, que recentemente emigrou de County Cork.)

Cozinhe as batatas e faça um purê como de costume (ficam melhor se amassadas com leite quente). Coloque o purê em uma travessa untada e polvilhe com queijo parmesão (ou outro queijo forte) ralado. Não economize no queijo, coloque bastante. Asse por 15 minutos, sem tampar, a 180° C.

BATATAS E CEBOLAS MACIAS

6 a 8 porções

(Prática se você estiver assando carne a 160° C e por alguma razão não quiser assar as batatas ao redor da carne.)

Cozinhe 5 batatas grandes e faça um purê usando creme de leite, sal e pimenta-do-reino. Depois, pique e refogue 1 cebola média em 5 colheres (sopa) de manteiga, até que ela fique macia. Adicione a cebola picada às batatas. Coloque tudo em uma travessa untada e sem tampa e leve ao forno pré-aquecido a 160° C, junto com o assado, por 45 minutos.

BATATAS COM CHAMPIGNON

5 a 6 porções

Pegue um ralador com buracos grandes e rale 4 batatas médias descascadas. Depois, misture 1 lata de sopa condensada creme de champignon (ou de salsão, mudando o nome da receita para batatas com salsão) com ½ lata de leite. Aqueça, derrame sobre as batatas e leve ao forno, sem tampar, pré-aquecido a 180° C, por 1 hora e 15 minutos.

SOFISTICADAS BATATAS PALITO ASSADAS

4 porções

Lave bem 3 batatas, mas não as descasque. Corte-as como se fosse fazer batatas fritas e espalhe-as em uma assadeira. Agora aqueça 50 g de manteiga com 2 colheres (chá) de pasta de anchovas e 1 pitada de sal e pimenta-do-reino, até que a manteiga derreta. Pincele os palitos de batata com essa mistura e leve-os ao forno pré-aquecido a 180° C, durante 35 minutos.

BATATAS FRITAS RÁPIDAS

3 a 4 porções

Pegue no freezer um pacote de batatas fatiadas congeladas. Derreta um pouco de manteiga em uma frigideira pesada e adicione a batata, sal, cebola em flocos e pimenta-do-reino. Cozinhe-as em fogo médio até dourar, depois decore com salsinha picada.

BATATA XADREZ

(Fácil, rápida e bom acompanhamento para peixe ou para qualquer coisa que você costuma comer com batatas fritas.)

Corte batatas médias ao meio, no sentido do comprimento. Com uma faca, faça cortes verticais e horizontais na face cortada, com pouco mais de meio centímetro de profundidade. Misture um pouco de sal e mostarda em pó com manteiga – calculando 1 colher (sopa) rasa de manteiga para cada metade – e passe nas batatas. Asse-as como de costume, em forno aquecido de 180 a 250° C, por 1 hora.

BATATAS RÁPIDAS COM QUEIJO

3 a 4 porções

Faça cerca de 1½ xícara (chá) de molho branco (veja receita nas páginas 61-62), temperado com mostarda em pó e um pouco de molho inglês, e espalhe sobre meio quilo de batatas cozidas, em uma travessa. Coloque bastante queijo ralado por cima e leve ao forno, sem tampar, por 25 minutos a 180° C.

BATATAS COM PARMESÃO

6 a 8 porções

(Deliciosas, cremosas e engordativas. Perfeitas para acompanhar um belo bife.)

✓ 4 batatas grandes descascadas e cortadas em fatias finas
✓ 2 xícaras (chá) de leite
✓ 1 colher (chá) de sal
✓ 1 pitada de pimenta-do-reino
✓ ½ xícara (chá) de creme de leite
✓ ⅓ xícara (chá) de parmesão ralado

Cozinhe as batatas, o leite, o sal e a pimenta-do-reino em banho-maria durante 30 minutos. Em seguida, coloque tudo em uma travessa ou assadeira, cubra com o creme de leite e espalhe o parmesão por cima. Asse a 180° C por 20 minutos.

ALGO DIFERENTE PARA FAZER COM BATATINHAS ALÉM DE COZINHÁ-LAS E PASSÁ-LAS EM MANTEIGA DERRETIDA E SALSINHA

Cozinhe as batatinhas sem casca. Quando estiverem macias, fatie-as e coloque-as numa frigideira com 1 colher (sopa) de manteiga derretida e um pouco de cebolinha picada. Frite-as delicadamente, mexendo de vez em quando, e salpique-as com salsinha picada antes de servir.

Depois temos as BATATAS-DOCES. É bom saber que recentemente revogaram a lei que nos obrigava a assar batata-doce na fogueira. Agora você tem o direito de fazer purê de batata-doce com suco de laranja, manteiga e açúcar mascavo a gosto, depois colocá-lo em uma travessa untada com mais um pouco de açúcar por cima. Levar a travessa tampada ao forno por 30 minutos a 180° C, depois destampar e assar até dourar.

Ou você pode fazer:

BATATA-DOCE DA SOLLY

4 a 6 porções

(Uma receita útil para quando você cometer a tolice de se oferecer para levar algum prato.)

- ✓ 500 g de batatas-doces
- ✓ 2 laranjas descascadas
- ✓ Sal e pimenta-do-reino a gosto
- ✓ Manteiga
- ✓ Açúcar mascavo
- ✓ ½ xícara (chá) de mel

Cozinhe as batatas-doces até ficarem macias, depois corte-as em fatias de mais ou menos 2,5 cm de espessura. Corte as laranjas descascadas em fatias *bem* finas. Depois, em uma travessa, alterne camadas da seguinte maneira: batatas, fatias de laranja, sal, pimenta-do-reino, pedacinhos de manteiga, 2 colheres (sopa) de açúcar mascavo. Derrame o mel por cima de tudo e leve ao forno, sem tampar, a 180° C por 45 minutos.

Não se preocupe muito com MACARRÃO INSTANTÂNEO. Faça o que fizer, eles continuarão parecendo macarrão instantâneo, como era de esperar. Para mudar um pouco, você pode adicionar 1 colher (chá) de caldo de carne (ou de galinha, ou de legumes) em pó à água do cozimento, e depois servir o macarrão com bastante manteiga e páprica. Ou você pode trocar a páprica por um punhado de sementes de papoula. Mas não espere nada de extraordinário.

Quanto ao MACARRÃO (massa seca), a receita seguinte é prática porque fará volume em uma refeição em que os bifes ficaram menores do que você previa. E pode ser servida sozinha também.

MACARRÃO DA MAMA

4 porções

- ✓ 4 fatias de bacon picadas
- ✓ 1 cebola grande picada
- ✓ ½ pimentão verde picado
- ✓ 1 vidro pequeno de azeitonas recheadas fatiadas
- ✓ 250 g de macarrão cozido

Frite os pedacinhos de bacon até ficarem crocantes. Adicione a cebola e o pimentão e cozinhe tudo em fogo baixo até ficarem macios. Adicione as fatias de azeitona e misture tudo ao macarrão cozido. Prove e salgue a gosto. Você pode servi-lo acompanhado de salada de tomate e salsinha.

O ARROZ não oferece grandes problemas, exceto o preço exorbitante do arroz selvagem. Mas, quando você se cansar do arroz branco simples, pode fazer:

ARROZ ROSADO

Substitua metade da água do cozimento do arroz por suco de tomate. Antes de servir, adicione um pouco de manteiga e 1 pitada de sal de alho.

Falando nisso, se seu arroz costuma ficar empapado e isso incomoda você, é bom dar uma olhadinha no seguinte método, para que o arroz fique soltinho. Há duas desvantagens nele. Você não pode usar qualquer panela – precisa ser uma panela de fundo espesso, de ferro ou esmaltada. Você também terá de deixar a panela de molho antes de lavá-la. Mas não se pode ter tudo neste mundo.

ARROZ SOLTINHO

Use 1½ xícara (chá) de água para 1 xícara (chá) de arroz e deixe a água ferver dentro da panela pesada, destampada, por 5 minutos. Abaixe o fogo para médio e cozinhe até a água ter aparentemente evaporado. Agora abaixe o fogo o máximo possível, tampe a panela e cozinhe por 20 minutos *sem mexer*.

O segredo é este: não mexa. Você pode mexer a superfície com uma colher, se quiser, mas não toque na crosta que fica no fundo. Parece que ela faz algum tipo de mágica, deixando o arroz sequinho e a panela difícil de lavar.

Caso opte por este método, use um pouco mais de arroz do que usaria normalmente, pois ele não rende tanto dessa forma.

ARROZ COM QUEIJO

6 porções

- ✓ 3 xícaras (chá) de arroz cozido quente
- ✓ ⅓ xícara (chá) de parmesão ralado
- ✓ 3 colheres (sopa) de manteiga derretida
- ✓ 1 pitada de pimenta-do-reino

Apenas misture todos os ingredientes.

ARROZ COM PASSAS

6 a 8 porções

(Receita fácil, que combina com tudo que leva curry.)

- ✓ 1⅓ xícara (chá) de arroz cru
- ✓ ¼ xícara (chá) de cebola em fatias finas
- ✓ ¼ xícara (chá) de amêndoas em lâminas
- ✓ 2 colheres (sopa) de manteiga
- ✓ ¼ xícara (chá) de uvas-passas sem semente

Cozinhe o arroz. Enquanto isso, refogue a cebola e as amêndoas na manteiga até ficarem levemente douradas. (Quando usar amêndoas já torradas, é só adicioná-las depois.) Em seguida, adicione as uvas-passas, aqueça e, quando o arroz estiver pronto, misture tudo. Prove e ajuste o sal, se necessário.

E finalmente chegamos – que rufem os tambores – ao:

ARROZ SELVAGEM DA COZINHEIRA DA SRA. VANDERBILT

6 porções generosas

(Quase todas as receitas de arroz selvagem pedem champignons – o que acaba encarecendo ainda mais o prato –, mas esta é diferente. Ela é fácil e deliciosa, se me permitem dizer.)

- ✓ 1 xícara (chá) de arroz selvagem
- ✓ 3 xícaras (chá) de água fervente
- ✓ Sal
- ✓ 1 cebola média picada (ou 6 cebolinhas picadas)
- ✓ 100 g de manteiga derretida
- ✓ ½ xícara (chá) de parmesão ralado
- ✓ 6 fatias de bacon fritas e esmigalhadas

Lave o arroz com muito cuidado, para não deixar nenhum grãozinho cair no ralo. Depois adicione-o, junto com a cebola picada, à água fervente já salgada. Cozinhe em fogo baixo até que a água seja absorvida, cerca de 35 minutos. Agora junte a manteiga derretida e o parmesão. Esse arroz pode ficar horas sendo aquecido em banho-maria, se preciso. Logo antes de servir, misture quase todo o bacon picado e polvilhe com o restante.

5

Jantar na casa dos amigos

OU COMO LEVAR A ÁGUA PARA A LIMONADA

Está vendo aquele raio de sol cortando a escuridão da cozinha? Aquilo, amigas, é o jantar na casa de amigos em que cada um leva um prato – a melhor invenção depois do restaurante.

É claro que jantares entre amigos, em que cada um contribui com um prato, não são sinônimo de comida sem graça. De vez em quando, significam que a anfitriã ainda não decidiu o que vai servir e, de qualquer maneira, não pretende se matar na cozinha. Mesmo assim, ao chegar lá, você vai ver que ela fez bem mais do que colocar mais água no feijão, mas não pense que a família come pratos sofisticados todos os dias, porque não come.

Geralmente, cada mulher leva um prato a esses jantares.

Pense nas vantagens! Primeiro, você precisa cozinhar *apenas um prato*. Segundo, por ter preparado e levado um prato, você não *deve* um jantar a ninguém e não precisa convidá-los à sua casa, a menos que queira.

O único problema desse tipo de jantar, quando se detesta cozinhar, é que você nunca consegue pensar em alguma coisa interessante para levar, então acaba levando uma travessa tampada e torce para que ela continue assim.

É em situações como essa que as receitas deste capítulo podem ajudar. São pratos um pouco diferentes dos convencionais, e a maioria tem a aparência e o sabor de algo mais trabalhoso do que de fato é.

Antes de mais nada, porém, um conselho sobre como agir quando um jantar assim estiver sendo planejado: *cuidado com o prato principal*. Ele costuma ser o mais trabalhoso e também o mais caro. Assim, nunca se ofereça para prepará-lo. Em vez disso, sugira que outra pessoa o faça.

"Ethel, você *faria* aquele seu ensopado maravilhoso?", você pode dizer. As outras mulheres provavelmente a apoiarão – seria falta de educação não apoiar, ainda mais se já tiverem provado o famoso ensopado. E, enquanto Ethel se sente lisonjeada, você pode sussurrar algo sobre levar seus deliciosos:

PÃES PARISIENSES

- ✓ 2 baguetes ou bengalas de pão francês
- ✓ 200 g de manteiga em temperatura ambiente
- ✓ 1 pacote de pó para sopa de cebola

Corte as bengalas ao meio, no sentido do comprimento. Em seguida, misture a manteiga com o pó para sopa de cebola. Espalhe nas quatro metades de pão, feche-as como sanduíches, enrole-os em papel-alumínio e jogue-os no banco de trás do carro. Ao chegar ao jantar, peça à anfitriã que aqueça os pães no forno, a 180° C, por 20 minutos. Abra um pouco o papel-alumínio para mantê-los crocantes.

Outro bom truque, quando se trata de jantar na casa de alguém, é oferecer logo a SOBREMESA. Diga: "Meninas, vou levar meu maravilhoso bolo de uísque de arrasar!" (Essas coisas devem ser ditas com bastante entusiasmo.) Sugerir esse bolo de uísque também é bom porque você pode prepará-lo com muita antecedência, é fácil e bem gostoso. Assim como os bons bolos, é barato e rende bastante. Além disso, o nome da receita é intrigante.

BOLO DE UÍSQUE DE ARRASAR

- ✓ ½ xícara (chá) de manteiga
- ✓ 1 xícara (chá) de açúcar
- ✓ 3 ovos batidos
- ✓ 1 xícara (chá) de farinha de trigo
- ✓ ½ colher (chá) de fermento em pó
- ✓ ¼ colher (chá) de sal
- ✓ ½ colher (chá) de noz-moscada
- ✓ ¼ xícara (chá) de leite
- ✓ ¼ xícara (chá) de melado
- ✓ ¼ colher (chá) de bicarbonato de sódio
- ✓ 450 g de uvas-passas sem semente
- ✓ 2 xícaras (chá) de nozes-pecãs ou comuns picadas
- ✓ ¼ xícara (chá) de uísque

Primeiro, pegue a garrafa de uísque e tome uma dose para fins medicinais. Em seguida, bata a manteiga e o açúcar até virar um creme e adicione os ovos batidos. Em outra tigela, misture a farinha de trigo, o fermento em pó, o sal e a noz-moscada e adicione-os à mistura de manteiga. Em seguida, junte o leite. Misture o bicarbonato de sódio com o melado e adicione essa mistura à massa. Acrescente as uvas-passas, as nozes e o uísque. Coloque a massa em uma forma de bolo inglês, untada e enfarinhada, e asse a 160° C por 2 horas.

Esse bolo, envolto em papel-alumínio e guardado na geladeira, dura praticamente para sempre. E fica ainda melhor com o passar do tempo, principalmente se você fizer pequenos furos nele e injetar mais uísque com um conta-gotas.

Outro bom prato para levar a um jantar são os APERITIVOS. Isso pode parecer estranho para as outras mulheres, mas você pode dizer à anfitriã: "Deixe os aperitivos comigo, assim você não precisa ter trabalho". E você também não terá, porque é só pegar a receita mais fácil de patê do capítulo 8 – como o de abacate com sopa de cebola da página 130 – e comprar tipos variados de bolachas e torradinhas. Se por algum motivo você quiser demonstrar sua dedicação, também pode colocar alguns pãezinhos das cinco (página 126) em uma assadeira e levá-los ao jantar.

E não se esqueça da SALADA!

"Aprendi um molho novo que vocês vão adorar!", você pode exclamar. Então você pega folhas verdes variadas, arruma em uma tigela e leva um pote de:

MOLHO DE TOMATE ATRAENTE

Apenas misture os seguintes ingredientes:

- ✓ 3 cebolinhas picadas
- ✓ 3 ramos de salsinha picados
- ✓ 2 tomates grandes cortados em cubinhos
- ✓ ¼ xícara (chá) de queijo parmesão ralado
- ✓ 1 colher (chá) de páprica
- ✓ 1½ colher (chá) de sal
- ✓ 1 colher (sopa) de vinagre
- ✓ 1 xícara (chá) de creme azedo (ou coalhada, ou iogurte natural)

Outra boa salada que você pode se oferecer para levar é a salada de feijão da tia Bebe, que conta com vários pontos a seu favor. Você pode prepará-la na véspera, os homens geralmente gostam bastante e é fácil de transportar – apenas um pote da mistura de vagens e feijões e um pouco de alface para forrar a tigela. Não tenha medo da quantidade de açúcar, como eu tive. Pensei comigo mesma: *Isso nunca vai ficar bom!* E também pensei: *Quem gosta tanto assim de feijão?* Mas ficou bom, e eu adorei.

SALADA DE FEIJÃO DA TIA BEBE

6 porções

Misture tudo e deixe marinar por 24 horas:

- ✓ 1 xícara (chá) de vagens cozidas e picadas
- ✓ 1 xícara (chá) de vagens amarelas cozidas e picadas
- ✓ 1 xícara (chá) de feijões vermelhos cozidos, sem o caldo
- ✓ 1 cebola média picada
- ✓ ¾ xícara (chá) de açúcar
- ✓ 1 colher (chá) de sal
- ✓ ½ colher (chá) de pimenta-do-reino
- ✓ ½ xícara (chá) de óleo de canola
- ✓ ⅔ xícara (chá) de vinagre

Enquanto os ingredientes estão marinando, mexa de vez em quando. Antes de servir, escorra todo o molho e coloque as vagens e o feijão em uma tigela forrada com folhas de alface.

Depois temos a questão do LEGUME QUENTE.

É bem provável que essa opção não apareça com frequência, exceto quando você tiver que jantar com sua mãe nos feriados. Mas lembre-se: com mais frequência do que você imagina, sua mãe também detesta cozinhar, e ela tem feito isso há muito mais tempo. Você pode acrescentar mais coro à sua legião de fãs se oferecendo, não importa quanto isso doa, para levar cebolas festivas, um prato muito fácil de fazer. Além disso, combina muito bem com o peru de Natal.

CEBOLAS FESTIVAS

- ✓ 4 xícaras (chá) de cebolas fatiadas
- ✓ 5 colheres (sopa) de manteiga
- ✓ 2 ovos
- ✓ 1 xícara (chá) de creme de leite
- ✓ Sal e pimenta-do-reino a gosto
- ✓ ⅔ xícara (chá) de queijo parmesão ralado

Primeiro, refogue as cebolas na manteiga até ficarem transparentes. Depois, esparrame-as em uma travessa e cubra com papel-alumínio. Coloque a travessa no chão do trenó que você vai usar como transporte. Em seguida, bata os ovos até ficarem leves, adicione o creme de leite e tempere com sal e pimenta-do-reino. Coloque essa mistura em um pote bem tampado e, antes de sair, lembre-se de levar o parmesão ralado em um saquinho. Ao chegar à casa da sua mãe, peça a ela para acender o forno a

200° C. Espalhe a mistura de ovos sobre as cebolas, polvilhe com o parmesão e leve ao forno, sem tampar, por 15 minutos.

Bem, nós evitamos o ponto principal pelo maior tempo possível. Mas vai chegar um dia em que nenhum desses pequenos truques adiantará, um dia em que o jantar será na sua casa, um dia – em outras palavras – em que você será obrigada a fazer o PRATO PRINCIPAL.

Quando isso acontecer, considere primeiro as virtudes das seguintes receitas:

FRANGO COM ARROZ ROGER (P. 34)
CARNE ASSADA À FRANCESA (PP. 113-114)
FRANGO DE SÁBADO (PP. 34-35)

(em quantidades adequadamente duplicadas ou triplicadas). Em seguida, pense em fazer uma das três receitas a seguir, que são boas, fáceis, diferentes e, para ser bem franca, baratas.

ATUM ITALIANO

6 porções

- ✓ 250 g de espaguete cru
- ✓ 2 dentes de alho picados
- ✓ 1 cebola grande picada grosseiramente
- ✓ 4 colheres (sopa) de óleo ou azeite
- ✓ 2 latas (230 g cada) de molho de tomate
- ✓ 1½ colher (chá) de manjericão seco
- ✓ Sal e pimenta-do-reino a gosto
- ✓ 2 latas (230 g cada) de atum em pedaços, com o óleo
- ✓ Parmesão ou outro queijo ralado
- ✓ Salsinha

Comece cozinhando o espaguete enquanto você refoga o alho e a cebola no óleo, até ficarem macios. Adicione o molho de tomate, o manjericão, o sal, a pimenta-do-reino e deixe ferver. Abaixe o fogo e deixe cozinhar por tempo suficiente para você arrumar a mesa e passar um batom. Agora, acrescente o atum, deixe aquecer bem e sirva sobre o macarrão cozido e escorrido, decorado com salsinha e queijo ralado.

Depois temos esta receita, que nunca será famosa, mas é boa, fácil e satisfaz.

ASSADO ESCOCÊS

8 porções

- ✓ 250 g de massa curta (como penne, parafuso etc.) crua
- ✓ 1 xícara (chá) de leite
- ✓ 1 lata de sopa condensada creme de champignon
- ✓ 350 g de pastrami picado
- ✓ 110 g de queijo de sabor forte cortado em cubinhos
- ✓ 1 pitada de sal de alho
- ✓ ¼ xícara (chá) de cebola picada
- ✓ ¾ xícara (chá) de farinha de rosca
- ✓ Manteiga

Cozinhe a massa em dois litros de água salgada até que fique macia. À parte, misture o leite e a sopa e adicione o pastrami, o queijo, o sal de alho e a cebola. Unte uma travessa grande e alterne camadas dessa mistura com a massa cozida. Espalhe a farinha de rosca e pedacinhos de manteiga por cima. Leve ao forno sem tampar a 180° C, por 45 minutos.

TAMALE TIA JUANA

8 a 10 porções

- ✓ ½ xícara (chá) de óleo
- ✓ 1 cebola grande picada
- ✓ 1 dente de alho picado
- ✓ 500 g de carne moída
- ✓ 2 colheres (chá) de pimenta chili em pó
- ✓ 2½ colheres (chá) de sal
- ✓ Algumas gotas de tabasco
- ✓ 2 latas (400 g cada) de tomates pelados
- ✓ 1 xícara (chá) de fubá
- ✓ 1 xícara (chá) de leite
- ✓ 2½ xícaras (chá) de milho-verde, misturado com um pouco de leite e farinha, até formar um creme
- ✓ 1 xícara (chá) de azeitonas sem caroço

Refogue a cebola e o alho no óleo por 5 minutos, depois adicione a carne e deixe dourar. Em seguida, acrescente a pimenta chili em pó, o sal, o tabasco e os tomates, tampe e deixe cozinhar por 15 minutos. Agora adicione o fubá e o leite e deixe cozinhar por mais 15 minutos, mexendo com frequência. Depois, adicione o purê de milho e as azeitonas. Divida a massa em duas formas de bolo inglês untadas, pincele-a com óleo e leve ao forno a 160° C por 1 hora.

Você pode sugerir à sua amiga que vai levar a salada para colocar pedaços de abacate nela. Depois peça a alguém para trazer pães franceses e não vai precisar de mais nada.

6

Teremos visitas

OU AGORA VOCÊ NÃO TEM MESMO SAÍDA

Quem odeia cozinhar jamais deveria aceitar um convite para jantar. O motivo é bem simples: cedo ou tarde, a menos que você tenha cometido uma grande gafe na casa de seus anfitriões ou que eles se mudem para bem longe, *você terá de retribuir o convite.*

É claro que você sabe disso, porque fica remoendo essa lembrança o tempo todo. Mas é como mandar uma criança recusar um ingresso grátis para o circo. Você conhece bem a tranquilidade que sente, durante todo o dia, quando sabe que *outra pessoa* estará sambando da despensa até a pia. Quase sem querer, e muito ciente de que está cometendo um erro, você aceita. E mais uma vez fica devendo um jantar, e cedo ou tarde terá de convidá-los.

A princípio, isso não é assim tão ruim. Duas semanas antes do jantar, você se sente até um pouco feliz, pensando na obrigação da qual vai em breve se livrar. Mas, à medida que a data se aproxima, a satisfação dá lugar à triste constatação. Você se dá conta de que ninguém, nem mesmo um indivíduo com um cérebro rudimentar, esperaria que alguém comesse o que você vai servir – isso se conseguir pensar em alguma coisa para servir. Você não se lembra de nenhum prato que tenha preparado para visitas e, em seus livros de receitas, todas levam cerefólio fresco, molho noisette ou torradas triangulares. Não são apenas simples torradas com manteiga, mas *torradas triangulares*, e a essa altura você não quer nem saber onde o pão está.

Este capítulo deve solucionar o problema. Você pode ler os oito cardápios seguintes com a reconfortante ciência de que foram preparados por outras pessoas que detestam cozinhar. Se um dos pratos até for um pouco trabalhoso, os outros não serão, ou podem ser preparados com tanta antecedência que você já terá esquecido.

Aliás, oito cardápios para visitas são suficientes. Caso perceba que está servindo sempre a mesma coisa para as mesmas pessoas, comece a convidar outras. É bem mais fácil mudar os amigos que as receitas.

Você pode notar certa semelhança entre as sobremesas sugeridas nesses cardápios. Há duas razões para isso. Primeiro, falaremos mais das sobremesas no capítulo 9. Segundo, sempre achei muita arrogância dos livros de receitas me mandarem preparar tortas individuais de sorvete assado quando já estou até o pescoço com os preparativos do frango com arroz e da couve-de-bruxelas. E eu não vou mesmo preparar as tortas, porque conheço algo muito mais fácil e tão saboroso quanto, como aquele delicioso sorvete de laranja da loja da esquina com os brownies que preparei dois dias atrás. Ou uma rara, fina e imortal taça de café irlandês.

Na verdade, trata-se de uma delícia tripla: café, sobremesa e licor, tudo ao mesmo tempo. E o que mais impressionaria tanto? Ao preparar esse café, você não precisa se preocupar com a sobremesa, com pratinhos, garfinhos, café, açucareiro, cremeira, xícaras, colherzinhas, garrafas e taças de licor. Você só precisa de uísque irlandês, café instantâneo, água quente, açúcar e chantilly (que você pode bater antes do jantar, se quiser). E, para servir, taças com alça com capacidade aproximada de 200 ml. (A alça é necessária, porque a bebida é bem quente.)

CAFÉ IRLANDÊS

Coloque 45 ml de uísque irlandês em cada taça. Adicione 1½ colher (chá) de açúcar e 1½ colher (chá) de café instantâneo. Encha as taças com água quente até 1 cm da borda e mexa. Por cima, coloque o chantilly, que deve ser espesso, mas não firme demais. (½ xícara (chá) de creme de leite, antes de bater, é a quantidade certa para quatro taças.) E sirva.

Obviamente, a economia de dinheiro, tempo, água, detergente e desgaste dos músculos das pernas é fenomenal. E por último, mas não menos importante, as pessoas não ficam bebendo café irlandês até amanhecer. Como é forte, um só é suficiente. Serve como um agradável encerramento da noite e, como dá sono em muitas pessoas, seus convidados vão acabar indo embora.

Saúde! E *boa noite*.

Vamos aos cardápios.

Cardápio para visitas nº 1

Assado de frango e alcachofras
Batatas assadas simples
Tomates fatiados elegantes (p. 76)
Café irlandês

ASSADO DE FRANGO E ALCACHOFRAS

para 6 pessoas

✓ 1 frango de 1,5 kg em pedaços (ou a mesma quantidade de pedaços de frango de sua preferência)
✓ 1½ colher (chá) de sal
✓ ¼ colher (chá) de pimenta-do-reino
✓ ½ colher (chá) de páprica
✓ 6 colheres (sopa) de manteiga
✓ 110 g de champignons cortados em pedaços grandes
✓ 2 colheres (sopa) de farinha de trigo
✓ ⅔ xícara (chá) de caldo de galinha (1 tablete de caldo dissolvido em ⅔ xícara de água quente)
✓ 3 colheres (sopa) de xerez
✓ 1 lata de corações de alcachofra

Tempere os pedaços de frango com sal, pimenta-do-reino e páprica. Doure-os em 4 colheres da manteiga e coloque-os em uma travessa grande. Agora coloque as outras 2 colheres de manteiga na frigideira e refogue os champignons por 5 minutos. Espalhe a farinha sobre eles e adicione o caldo de galinha e o xerez. Enquanto tudo cozinha por 5 minutos, você pode abrir a lata de corações de alcachofra e arrumá-los entre os pedaços de frango. Em seguida, espalhe o molho de champignons e xerez sobre eles, tampe e leve ao forno, a 180° C, por 40 minutos.

Você pode preparar este prato pela manhã ou na véspera.

Coloque batatas para assar 20 minutos antes de levar a travessa de frango ao forno, e tudo ficará pronto ao mesmo tempo.

Esse prato de frango com alcachofras não é só saboroso, mas muito bonito também. Porém eu gostaria de dizer que é bom não esperar que seus pratos fiquem exatamente iguais àqueles servidos a visitas em fotos de revistas. Tenho algo a dizer sobre isso: os fotógrafos de comida jogam sujo. Certa vez, tive o privilégio de ver um ensopado sendo fotografado no estúdio de um importante fotógrafo. O ensopado estava fantástico: o molho estava espesso e brilhante, os pedaços de carne, dourados e suculentos, contrastando lindamente com as cenouras e as cebolas. Eu até sei fazer um ensopado digno, mas meu molho nunca fica bonito daquele jeito, e minhas cebolas sempre vão parar no fundo da panela. Eu perguntei e descobri que o molho havia sido tingido e que as cebolas estavam apoiadas em palitos de dente! Além disso, naquela mesma manhã, eles me disseram que envernizariam uma lagosta. Viu só?

Cardápio para visitas nº 2

Vichyssoise
(sopa enlatada frias , decorada com cebolinha picada)

Costeletas de vitela à Victoria

Salada de frutas com molho de mel e limão (p. 78)

Pãezinhos quentes

Café irlandês

COSTELETAS DE VITELA À VICTORIA

para 6 pessoas

- ✓ 6 costeletas de vitela
- ✓ ½ xícara (chá) de azeite
- ✓ Sal e pimenta-do-reino
- ✓ 3 dentes de alho picados
- ✓ 2 cebolas grandes cortadas em fatias finas
- ✓ 6 tomates sem pele cortados em fatias finas
- ✓ ½ colher (chá) de sal
- ✓ ¼ colher (chá) de cravo em pó
- ✓ ¼ colher (chá) de pimenta-do-reino

Primeiro, frite as costeletas no azeite até ficarem levemente douradas. Tempere-as com sal e pimenta-do-reino e coloque-as em uma travessa. Em seguida, refogue o alho e as cebolas no mesmo óleo até dourarem. Adicione os tomates e amasse-os com uma colher de pau ou um amassador de batatas, até formar um purê. Adicione os temperos (e não deixe de colocar o cravo com receio de que fique com gosto de biscoito, porque não vai ficar. O sabor ficará interessante e muito bom). Deixe o molho cozinhar por 5 minutos, espalhe-o sobre as costeletas, tampe e asse a 180° C por 40 minutos.

Coloque alguns pãezinhos em um saco de papel úmido e coloque no forno nos últimos 10 minutos.

As frutas para sua salada devem estar picadas e regadas com suco de limão para não ficar escuras, dentro da geladeira, esperando para ser espalhadas sobre metades de melão ou folhas de alface.

Uma observação sobre pães. Quem odeia cozinhar com certeza não faz pão em casa. Se você conseguir encontrar na sua cidade um pão italiano decente, genuíno, de casca grossa e saborosa, seus problemas acabaram. Você não precisa fazer nada com ele, além de colocá-lo na mesa com uma faca ao lado.

Pãezinhos simples de padaria também servem. Devem ser aquecidos no saco de papel por alguns minutos, junto com o que estiver assando. Ao usar pães congelados, é mais fácil descongelá-los e assá-los primeiro, bem antes do jantar, pois o forno terá de estar quente. Depois aqueça-os rapidamente junto com o prato principal.

Cardápio para visitas nº 3

Arroz selvagem com fígado de galinha
Salada verde com anchovas e pepinos
Pãezinhos quentes
Café irlandês

ARROZ SELVAGEM COM FÍGADO DE GALINHA

para 4 ou 5 pessoas

(Você pode se assustar com o preço do arroz selvagem, mas, como parte de um prato principal, sai mais barato que bifes ou carne assada.)

- ✓ 1 xícara (chá) de arroz selvagem cru, lavado e escorrido
- ✓ 3 xícaras (chá) de água fervente
- ✓ ½ colher (chá) de sal
- ✓ ½ colher (chá) de tempero completo
- ✓ 1 pitadinha de tomilho
- ✓ 6 ramos de salsinha picados
- ✓ 2 talos de salsão picados
- ✓ ½ folha de louro
- ✓ 1 cebola média picada
- ✓ ½ xícara (chá) de manteiga
- ✓ 500 g de fígado de galinha
- ✓ Parmesão ralado

Coloque o arroz e todos os temperos (exceto a cebola) na água fervente, tampe e deixe cozinhar em fogo baixo por 50 minutos. Mexa de vez em quando e, se necessário, adicione mais água. Enquanto isso, refogue a cebola em metade da manteiga até dourar levemente, depois adicione o fígado de galinha e deixe cozinhar por 5 minutos. Agora misture o fígado, a cebola e o arroz, coloque em uma travessa untada e espalhe o restante da manteiga por cima, em pedacinhos. Polvilhe com queijo parmesão e leve ao forno a 180° C, sem tampar, por 15 minutos.

Agora chegamos ao honesto jantar de rosbife.

Nunca despreze a nobre costela ou o lombo bovino. Lembre-se: a maioria dos homens prefere a carne simples, em vez de assada com outros ingredientes, porque eles não gostam de novidades. Mostre-me um homem que não gosta de uma suculenta e rosada fatia de rosbife (seguida de café irlandês) e eu lhe mostrarei um vegetariano abstêmio.

Cardápio para visitas nº 4

Rosbife
Batatas assadas
Molho cremoso de raiz-forte
Maçãs ácidas com especiarias (do supermercado)
Vagens bem comestíveis (p. 68)
Café irlandês

ROSBIFE

Asse a carne, com as batatas ao redor, seguindo as orientações de seu grande livro de receitas – algo em torno de 22 minutos para cada meio quilo de carne, a 160° C. A carne precisa estar em temperatura ambiente antes de ir para o forno.

MOLHO CREMOSO DE RAIZ-FORTE

Bata ½ xícara (chá) de creme de leite até virar chantilly. Continue batendo enquanto adiciona ¼ xícara (chá) de suco de limão, 2 colheres (sopa) de raiz-forte em conserva, 1 pitada de sal e 1 pitada de páprica.

Quando você odeia cozinhar, é sempre uma boa ideia dar uma olhada na geladeira *antes de chamar as pessoas para se sentar à mesa*. O motivo é que, já que cozinhar ou preparar mais de um ou dois pratos não faz parte de sua natureza e de seus hábitos, você pode se esquecer do que preparou. E não é nada agradável encontrar aquela tigela de alguma coisa intacta na geladeira quando os convidados já tiverem ido embora.

Cardápio para visitas nº 5

Lasanha
Salada verde com mexerica
Pão italiano
Café irlandês

LASANHA

- ✓ 2 colheres (sopa) de azeite
- ✓ 500 g de carne moída

- ✓ 2 dentes de alho espremidos
- ✓ 1 lata (230 g) de molho de tomate
- ✓ 2 latas (400 g cada) de tomates pelados
- ✓ 1½ colher (chá) de sal
- ✓ ¼ colher (chá) de pimenta-do-reino
- ✓ ½ colher (chá) de orégano
- ✓ 250 g de massa para lasanha (você pode usar aquela que não precisa cozinhar, para diminuir o tempo de preparo)
- ✓ 250 g de muçarela fatiada
- ✓ 350 g de ricota (ou queijo cottage)
- ✓ ½ xícara (chá) de queijo parmesão ralado

Refogue a carne moída e o alho no azeite, depois adicione os cinco ingredientes seguintes e deixe cozinhar por 20 minutos. Enquanto isso, cozinhe a massa da lasanha em água fervente salgada por 15 minutos e escorra-a. Agora preencha uma travessa grande untada com camadas alternadas de massa, queijo, molho de tomate com carne e parmesão, terminando com uma camada de molho e parmesão. Asse por 20 minutos a 180° C, sem tampar.

Você pode preparar a lasanha na véspera e apenas aquecê-la no dia.

Cardápio para visitas nº 6

FRANGO DE DOMINGO
ARROZ COM PASSAS (P. 89)
CHUTNEY
SALADA DE FRUTAS
PALITOS SALGADOS (DA PADARIA)
CAFÉ IRLANDÊS

FRANGO DE DOMINGO

para 5 ou 6 pessoas

(É parecido com o frango de sábado, da p. 34, só que leva curry.)

- ✓ 2 colheres (sopa) de manteiga
- ✓ 3 colheres (sopa) de curry em pó
- ✓ 1 maçã bem picada
- ✓ 1 cebola bem picada
- ✓ 1 lata de sopa condensada creme de champignon
- ✓ 1 xícara (chá) de creme de leite
- ✓ Sal e páprica a gosto
- ✓ 1 frango de 1 a 1,5 kg (ou a mesma quantidade de pedaços de frango à sua escolha)

Derreta a manteiga em uma panela pequena e refogue a maçã, a cebola e o curry em pó, até a cebola ficar transparente. Em seguida, adicione a sopa e o creme de leite. Tempere o frango com sal e páprica e, em uma travessa rasa untada, distribua-o em uma única camada. Derrame o molho por cima. Leve ao forno, sem tampar, por 1 hora e meia a 180° C.

Cardápio para visitas nº 7

Forminhas de siri

Tomates crocantes (p. 71)

Salada verde com croûtons de alho (p. 74)

Pãezinhos quentes

Café irlandês

FORMINHAS DE SIRI

- ✓ 1 pote de champignons
- ✓ ¼ xícara (chá) (ou 50 g) de manteiga
- ✓ ¼ xícara (chá) de farinha de trigo
- ✓ 2 xícaras (chá) de leite
- ✓ 2 colheres (chá) de suco de limão
- ✓ 2 colheres (chá) de mostarda
- ✓ Algumas gotas de molho inglês
- ✓ Sal e pimenta-do-reino a gosto
- ✓ 4 gemas inteiras
- ✓ 500 g de carne de siri
- ✓ Farinha de rosca
- ✓ Parmesão ralado
- ✓ ½ limão

Primeiro, doure os champignons em manteiga e reserve. Em seguida, prepare um molho branco com a manteiga, a farinha e o leite, misturando a manteiga e a farinha em banho-maria e acrescentando o leite em seguida. Mexa até engrossar. Adicione o suco de limão, a mostarda, o molho inglês, o sal e a pimenta-do-reino. Aos poucos, adicione as gemas, a carne de siri e os champignons, misturando bem. Divida a mistura em forminhas individuais. Coloque um pouco de farinha de rosca com manteiga por cima, polvilhe parmesão e leve ao forno a 180° C por 15 minutos. Logo antes de servir, esprema um pouco de suco de limão sobre cada forminha.

Os pãezinhos vão aquecer enquanto as forminhas assam, e você pode fritar os tomates ao mesmo tempo.

E, finalmente:

Cardápio para visitas nº 8

Salada de frutas (servida primeiro)
Carne assada à francesa
Pãezinhos quentes
Café irlandês

CARNE ASSADA À FRANCESA

para 6 a 8 pessoas

(À primeira vista, esta receita parece desastrosa, com tantos ingredientes e instruções. Mas, na verdade, trata-se apenas de um ensopado aprimorado, com sabor exótico e um belo visual. É possível prepará-la na véspera também. Apenas se lembre de retirá-la da geladeira uma hora antes de aquecer, para que a travessa não trinque.)

- ✓ 700 g de acém cortado em cubos de mais ou menos 4 cm
- ✓ 2 colheres (sopa) de gordura de porco
- ✓ 2 colheres (sopa) de manteiga
- ✓ 1 lata (400 g) de tomates pelados
- ✓ 170 g de champignons grandes
- ✓ 450 g de cenouras cortadas em pedaços de 5 cm
- ✓ 2 pimentões verdes cortados em quadrados
- ✓ 1½ xícara (chá) de salsão fatiado
- ✓ Sal
- ✓ Pimenta-do-reino
- ✓ 4½ colheres (sopa) de farinha de trigo
- ✓ 1 colher (chá) de folhas secas de manjericão picadas
- ✓ 1 colher (chá) de folhas secas de estragão picadas
- ✓ 3 colheres (sopa) de cebola em flocos

Doure a carne, já temperada com sal, pimenta-do-reino e 1½ colher (sopa) da farinha de trigo, na manteiga e na gordura de porco. Coloque-a em uma travessa grande. Na frigideira em que você dourou a carne, coloque o restante da farinha de trigo na gordura que ali sobrou e adicione o suco dos tomates e dos champignons. Mexa até engrossar. Em seguida, derrame o líquido sobre a carne, adicione os tomates e cubra. Leve ao forno a 160° C por 1 hora. Retire a travessa do forno, adicione os outros legumes, a cebola em flocos, o estragão e o manjericão. Tampe novamente e leve mais uma vez ao forno, a 160° C, por mais 1 hora. Deixe esfriar, adicione os champignons e leve à geladeira.

Para servir, leve a travessa tampada ao forno pré-aquecido a 180° C por 45 minutos. Coloque os pãezinhos para esquentar quando começar a servir a salada, e tudo deverá transcorrer tranquilamente, como uma manhã de maio.

Mas, se isso não acontecer, não se aborreça! Se você demorar a servir os pãezinhos, não haverá grandes problemas. E, se o jantar estiver tão chato a ponto de os convidados sentirem falta dos pãezinhos, nada vai conseguir salvá-lo de qualquer forma.

Quem odeia cozinhar deve estar atento à tensão que enfrenta ao cozinhar para visitas. Veja bem: se por acaso você conseguir preparar um jantar perfeito, sem falhas ou esquecimentos, pode assustar algumas das convidadas a ponto de nunca mais ser chamada para ir à casa delas!

Eu, pessoalmente, conheço uma mulher cuja comida e coordenação são fantásticas, cujos cardápios são elaborados e cujos espetinhos de carne reluzem como perfeitos floretes do século XVIII; e eu jamais a convidaria para jantar em *minha* humilde residência. Eu me enforcaria primeiro.

7

Almoço para mulheres

OU ESPERE ATÉ PROVAR O ASPIC DE PASTA DE AMENDOIM DA MAYBELLE

Poucas coisas são tão agradáveis quanto um almoço só de mulheres, quando amigas se encontram em um local neutro como o restaurante de um hotel ou uma churrascaria.

Ali podem relaxar e trocar receitas de crochê, cientes de que não terão de comer nada enformado a menos que peçam. Nessa ocasião, uma mulher também pode apreciar um belo uísque com soda em vez de cuba libre, sem medo de perder a fama de boa moça. E ninguém precisa levantar para tirar os pratos e perder o que a Harriet disse quando a Charlotte contou o que a Thelma disse quando viu a tal Henderson no cinema com aquele rapaz que namorou a sobrinha da vizinha da Eloise. Além do mais, outra pessoa vai se preocupar em tirar o batom dos guardanapos.

No entanto, quando se trata do almoço para mulheres feito em casa, o melhor que pode ser dito é que – assim como o grou-americano – ele está a caminho da extinção. Mais e mais mulheres estão descobrindo que, dando apenas um pouquinho de trabalho aos pés, podem transformar um almoço em café da manhã (com vários tipos de pães comprados na padaria ou congelados), chá da tarde (sanduíches de pão com manteiga e biscoitos amanteigados) ou coquetel (dê uma olhada no capítulo 8) – que são todos mais fáceis de organizar. E, quando você odeia cozinhar, sua agilidade nesse assunto é impressionante. É apenas uma vez entre vários e vários domingos que uma mulher que odeia cozinhar se vê obrigada a preparar um almoço para as amigas.

Este, da mesma forma, é um capítulo curto. Conta com seis cardápios de almoço: 1) sopa com sanduíche; 2) sopa com salada; 3) salada com sanduíche. E, se você tiver o azar de estar no Circuito dos Canapés, 4, 5 e 6) prato principal quente.

Em cada cardápio, apenas um item precisa ser de fato preparado. Além disso, todos eles podem ser feitos com antecedência, o que lhe permite ficar papeando com as amigas na sala até minutos antes de servir. Afinal, se elas são suas melhores amigas, você quer ficar perto delas. E se são suas amigas, mas nem tanto, você não ousaria deixá-las sozinhas.

∽

Primeiro, uma apanhado geral sobre SOBREMESAS.

É sempre bom lembrar que, em qualquer grupo de duas ou mais mulheres, pelo menos uma está de dieta, e várias outras acham que deveriam estar. Se você servir uma sobremesa calórica, que demorou um tempo considerável para preparar, elas provavelmente vão comer, mas ficarão zangadas com você. Se *não* comerem, você vai ficar zangada com elas. Por outro lado, as mulheres que não ligam para dieta ficarão indignadas se descobrirem que não haverá nenhuma sobremesa.

Esse é um pequeno problema que pode ser resolvido com uma sobremesa de frutas (veja o cardápio nº 1, p. 118) *mais* uma bandeja de petit-fours (ou bolinhos deliciosos) comprados prontos, ou um prato de chocolates finos, ou uma tigela de nozes e uvas-passas, ou os três juntos, que a partir de agora serão chamados de "beliscos".

Todas poderão comer a sobremesa de frutas, e você, como anfitriã, não ficará aborrecida se dispensarem as opções calóricas. Afinal, você não perdeu tempo algum preparando e, além disso, vai sobrar mais para você e sua família degustarem quando as convidadas forem embora.

E lembre-se: se o almoço for substancial ou já contiver frutas, você pode até pular a sobremesa de frutas e servir apenas os beliscos.

Mais um ponto antes de passarmos para os cardápios. Tenho reparado que os autores de livros de receitas costumam incluir um parágrafo ocasional sobre suas viagens, dando a entender que não passaram a vida confinados na própria cozinha. "Eu provei esse prato no Maxim's de Paris", dirão. "E como gostaria de ser uma mosquinha para entrar naquela cozinha e ver exatamente o que incluíram no molho! No entanto, quando finalmente voltei para casa (passando por Tivoli, onde descobri o segredo do fettuccini, que você encontra no capítulo 33!), fiz algumas experiências e..."

Bem, esses autores não são as únicas pessoas que têm cartão de crédito. Quando eu estava em Edimburgo, provei o primeiro de vários sanduíches celtas, e tenho certeza de que era aquilo que o conde de Sandwich tinha em mente quando teve a ideia. E eu não tive de fazer nenhuma experiência para prepará-los em casa. Eles fazem o seguinte: cortam um bom pão em fatias finas e removem a casca. Depois, passam manteiga em duas fatias e, entre elas, colocam generosos pedaços de frango, presunto ou carne de boi, ou os três juntos. Em seguida, cortam o sanduíche em quatro triângulos, os empilham em um prato e servem.

Observação importante! Nada de maionese para amolecer o pão. Nada de alface para escorrer pelo queixo, nem azeitonas pretas ou verdes, conserva de pimentão, batatas chips, salsão, salsinha ou fatias de tomate, e muito menos picles. Apenas a essência pura e básica do sanduíche, que é algo nobre.

E agora o cardápio nº 1.

Cardápio para almoço nº 1
Sopa e sanduíche

Sopa de frango e queijo
Sanduíches celtas
Melão com uma bola de sorbet de limão
Beliscos
Café

SOPA DE FRANGO E QUEIJO

para 6 pessoas

- ✓ 2 latas de sopa condensada creme de frango
- ✓ 340 g de requeijão cremoso (tradicional ou cheddar)
- ✓ Salsinha

Em banho-maria, dilua a sopa em uma lata de água. Em seguida, misture o requeijão e mexa sem parar até incorporar. Você pode manter essa mistura sobre água quente pelo tempo que quiser. Antes de servir, polvilhe com bastante salsinha.

Cardápio para almoço nº 2
Sopa e salada

SOPA DE FRANGO INDIANA COM AMÊNDOAS EM LASCAS
SALADA DE FRUTAS COM MOLHO CREMOSO DE CHUTNEY (P. 79)
PÃEZINHOS QUENTES
BELISCOS
CAFÉ

SOPA DE FRANGO INDIANA

para 4 pessoas

✓ 1 colher (chá) de curry em pó
✓ 1 lata de sopa condensada creme de frango
✓ 1 tablete de caldo de galinha dissolvido em ⅔ de lata de água quente
✓ ⅓ xícara (chá) de creme de leite
✓ 2 colheres (sopa) de lascas de amêndoas torradas

Primeiro misture o curry em pó à sopa, em banho-maria. Depois, adicione e misture os demais ingredientes. Aqueça bem e, ao servir, polvilhe com lascas de amêndoas.

Cardápio para almoço nº 3
Salada e sanduíche

SANDUÍCHE DE SEXTA À NOITE
SALADA DE FOLHAS COM MOLHO DE VINAGRE E AZEITE
BELISCOS
CAFÉ

O sanduíche de sexta à noite é a delícia que leva carne de siri, queijo e bacon e que você encontra na página 135. Você pode prepará-los antecipadamente, depois levá-los para grelhar antes de chamar as amigas para almoçar.

Cardápio para almoço nº 4
Prato principal quente (A)

CARNE DA REALEZA EM PÃEZINHOS TOSTADOS

SALADA DE FRUTAS COM MOLHO DE MAIONESE COM LARANJA (P. 78)

BELISCOS

CAFÉ

Carne da realeza é aquele prato espetacularmente fácil que você viu na página 24. Ele vai se manter quente e delicioso em banho-maria por muito, muito tempo.

Cardápio para almoço nº 5
Prato principal quente (B)

CURRY LIGEIRINHO COM ARROZ E CHUTNEY

SALADA DE FOLHAS VERDES COM GOMOS DE MEXERICA

BELISCOS

CAFÉ

Curry ligeirinho é o curry ultrarrápido das páginas 35 e 36. Ele também pode pemanecer em banho-maria caso as mulheres queiram tomar mais um drinque antes de comer.

Cardápio para almoço nº 6
Prato principal quente (C)

Frango com arroz Roger
Tomates fatiados elegantes
Pãezinhos quentes
Beliscos
Café

O frango com arroz Roger é aquele prato simples da página 34, que você pode preparar a qualquer momento e levar ao forno antes de comer. Os tomates (p. 76) podem ser preparados até na véspera, se quiser.

8

Canapés e outros petiscos

OU QUEM INVENTOU ESSA HISTÓRIA?

É interessante o fato de que pessoas que odeiam cozinhar adoram conversar e, em geral, confraternizar. Quando o sol se põe e a festa começa a esquentar, você também quer participar, e não ficar presa na cozinha sem companhia, fazendo frituras ou enrolando ostras com bacon.

Essa é uma das muitas desvantagens do canapé. A maioria deles dá certo trabalho. Além de prepará-los e se lembrar de servi-los, você também precisa fazer a manutenção – repondo e redecorando –, porque, com o passar do tempo, os pratos cheios de aperitivos ficam com um visual cansado e, às oito da noite, parece que os convidados os pisotearam.

De fato, embora eu não goste de criticar uma coisa tão menor que eu, é difícil pensar em algo positivo sobre canapés. Se são bons, geralmente são engordativos e caros também. Não só os petiscos em si, mas o modo como aumentam seus gastos com bebida. Quanto mais petiscos seus convidados consumirem, mais coquetéis vão aguentar, e ninguém sabe quando você vai conseguir fazê-los ir para a mesa. Então, quando forem finalmente apreciar seu jantar, estarão satisfeitos demais para comer muito, o que é o pior de tudo. Quem odeia cozinhar fica aborrecido quando tem o trabalho de preparar um jantar que não é devidamente apreciado.

Na verdade, a única desculpa para os petiscos é quando você está fazendo um coquetel puro e simples, sem um jantar em seguida. E, a propósito, esse tipo de entretenimento faz sentido. As pessoas podem ficar confusas com os coquetéis e depois podem convidá-la para jantar, quando na verdade lhe devem apenas coquetéis.

Se, além dos canapés e das bebidas, você servir uma bela sopa com torradas, suas chances de êxito aumentarão consideravelmente. Suas convidadas, sobretudo, ficarão muito gratas. É provável que façam o marido tomar sopa suficiente para não terem de preparar algo para ele comer em casa; e seu trabalho pode ser muito bem recompensado. (Você pode triplicar a receita de uma das sopas das páginas 45 e 46, ou pode comprar várias latas de uma boa sopa de mariscos e reforçá-la com mariscos picados e um pouco de manteiga.)

E vamos aos PETISCOS.

Como você sabe, existem cinquenta ou sessenta mil opções: sanduíches abertos, sanduíches fechados, pequenas salsichas em dezenas de disfarces, assim como ostras, salgadinhos de milho e de queijo, barquetes, pãezinhos, bolachas salgadas e patês suficientes para alimentar um batalhão.

Quem detesta cozinhar costuma depender de produtos prontos, e com razão, porque muitos deles são excelentes. Um prato de macadâmias esvazia mais rápido que um prato de fatias daquele pão caseiro que sua família adora. Também existem patês prontos excelentes, sem falar nos deliciosos queijos cremosos, torradinhas exóticas e pizzas, que você pode comprar prontas, assar em casa e depois cortar em quadradinhos.

Mas às vezes, do jeito que a vida é e do jeito que as mulheres são, você sente que precisa fazer alguma coisa com as próprias mãos. Afinal, Ethel fez aquela coisinha gostosa de pepino com roquefort, e você não pode usar a mesma receita, porque ela vai vir à sua festa. (Bem, você até poderia usar, mas prefere ser original.)

Então você corre para o seu grande livro de receitas e encontra tantas opções complicadas que, ao prová-las mentalmente, acha que não valem o esforço e fecha o livro rapidinho. Aí você abre este livro de receitas e encontra apenas algumas – todas cuidadosamente selecionadas, preparadas com frequência por mulheres que odeiam cozinhar tanto quanto você, e pelo menos algumas capazes de deixar Ethel morrendo de inveja.

BISCOITOS SALGADOS DA BETTY

cerca de 40 unidades

Misture:

- ✓ ½ xícara (chá) de farinha de trigo
- ✓ ¼ xícara (chá) de manteiga
- ✓ 1 pote de requeijão sabor cheddar

Faça um rolo com a massa, enrole-o em papel-manteiga e leve à geladeira. Quando estiver firme, fatie como biscoitos e leve-os ao forno a 200° C por 10 minutos. (Não é preciso untar a assadeira.)

PÃEZINHOS DAS CINCO

cerca de 20 unidades

- ✓ 1 pacote de pãezinhos congelados prontos para assar
- ✓ 1 lata de filés de anchova ou ostras defumadas, com o óleo

Corte os pãezinhos ao meio e recheie-os com meio filé de anchova ou uma ostra defumada. Feche-os e pressione as bordas. Pincele-os com o óleo da lata e leve ao forno por 8 minutos a 200° C.

TRIÂNGULOS DE QUEIJO

cerca de 40 unidades

- ✓ 1 pacote de pãezinhos congelados prontos para assar
- ✓ ⅓ xícara (chá) de queijo ralado
- ✓ ¼ xícara (chá) de manteiga derretida

Corte cada pãozinho em quatro pequenos triângulos e passe-os na manteiga derretida e no queijo ralado. Depois, leve ao forno a 200° C por uns 12 minutos.

PALITOS DE QUEIJO DA PEG

- ✓ Massa folhada
- ✓ Parmesão ralado
- ✓ Páprica (opcional)

Com um rolo, abra a massa folhada a mais fina que conseguir, ou use massa folhada laminada. Espalhe bastante parmesão ralado sobre toda a massa, dobre-a ao meio uma vez e passe o rolo novamente. Repita esse processo seis vezes, usando obviamente mais parmesão todas as vezes. Depois, corte a massa em tirinhas, polvilhe-as com páprica (se desejar) e asse a 200° C por 10 minutos.

BOLAS DE QUEIJO

(Este é o tipo de coisa que cada um faz a seu gosto.)

Misture 230 g de cream cheese com um pote de qualquer requeijão cremoso de sua preferência – natural, cheddar, gorgonzola etc. Adicione também restos de qualquer queijo, ralado, que você tenha. Depois coloque xerez, cebola ralada, creme de leite, molho inglês e/ou o que preferir, a gosto.

Faça *pequenas* bolas, algo entre uma bola de pingue-pongue e uma de tênis, passe-as em nozes picadas (ou amendoins, pistaches, castanhas-de-caju etc.) e embale-as individualmente em papel-alumínio antes de levar à geladeira.

Essas bolas não devem ser penduradas na árvore de Natal, mas servidas com torradas a visitas inesperadas. Bolas pequenas são melhores que grandes, pois acabam antes de ficar feias.

RODELAS DE CEBOLA

Corte 1 cebola em fatias, as mais finas que conseguir. Depois corte rodelas finas de pão, passe manteiga e coloque uma fatia de cebola sobre cada uma. Polvilhe com queijo ralado e leve ao forno até o queijo derreter.

Os próximos dois petiscos são para aquelas raras ocasiões em que você sente que deve se superar. Os demais são para qualquer outra ocasião.

CAVIAR

Sirva-o bem gelado em seu próprio potinho, cercado de torradas quentes com ou sem manteiga. Ou, para os puristas, com bolachas água e sal. E, caso esteja disposta, sirva pequenos potinhos com ovos cozidos picados, cebola picadinha e creme azedo (ou coalhada, ou iogurte natural).

FOLHAS DE CAMARÃO

Cozinhe 1 alcachofra em água salgada, com 1 dente de alho cortado ao meio e 1 fio de azeite, por 40 minutos. Deixe esfriar.

Em seguida, remova cuidadosamente as melhores folhas. Na ponta comestível de cada uma, coloque um pouquinho de maionese levemente temperada com curry. Agora coloque um pequeno camarão sobre a maionese e arrume as folhas em uma travessa para servir.

O PATÊ

Se você tiver cream cheese ou ricota em casa, sempre terá um patê à mão, porque pode deixá-los mais cremosos com um pouco de leite ou creme de leite e adicionar:

- ✓ Sal
- ✓ Pimenta-do-reino
- ✓ Suco de limão
- ✓ Cebola ralada

e pronto. Prove até ficar bom.

A partir daí, você pode adicionar mariscos picados e um pouco de molho inglês. Ou então anchovas ou sardinhas picadas.

Se, além do cream cheese ou da ricota, você tiver em casa creme azedo (ou coalhada, ou iogurte natural) e um abacate, as seguintes proporções funcionam bem:

PATÊ FLÓRIDA

- ✓ 1 abacate grande e maduro
- ✓ 90 g de cream cheese
- ✓ ½ xícara (chá) de creme azedo (ou coalhada, ou iogurte natural)
- ✓ 2 colheres (sopa) de suco de limão
- ✓ Molho tabasco, sal e pimenta-do-reino a gosto
- ✓ 60 g de anchovas picadas (opcional)

Amasse o abacate até formar um creme liso, depois acrescente os demais ingredientes.

Se usar um repolho sem miolo para servir um patê, o visual ficará ótimo e você não vai ter nenhuma tigela para lavar. Por outro lado, se você usar uma tigela para servir o patê, não vai precisar tirar o miolo do repolho. A escolha é sua.

PATÊ DE CEBOLA CLÁSSICO

(Caso alguém não conheça.)

Misture 1 lata de creme de leite sem soro com 1 pacote de pó para sopa de cebola.

PATÊ DE CEBOLA NEOCLÁSSICO

Misture 1 pacote de pó para sopa de cebola com 1 abacate maduro grande amassado e 1 colher (sopa) de suco de limão.

PATÊ DE OSTRAS E AZEITONAS

Você começa, é claro, com 1 pote de cream cheese. Misture com maionese, uma colher de cada vez, até formar um creme liso e espesso. Em seguida, adicione 1 pote pequeno de ostras defumadas picadas e ½ xícara (chá) de azeitonas picadas, um pouco de sal de alho e um pouquinho de suco de limão.

Outra coisa boa de lembrar, quando se fala em petiscos, são os ovos recheados. São fáceis de fazer e nunca sobram, o que é importante. É difícil saber o que fazer com sobras de petiscos, exceto se você seguir a nossa regra das sobras (p. 51).

OVOS COM AZEITONA

Cozinhe alguns ovos. Em seguida, parta-os ao meio no sentido do comprimento delicadamente, retire as gemas e amasse-as com maionese, mostarda, um pouquinho de açúcar, vinagre, sal e pimenta-do-reino. Recheie as claras com essa mistura e coloque uma pequena azeitona recheada sobre cada metade.

OVOS FINOS

Cozinhe alguns ovos e corte-os em três fatias no sentido do comprimento (o que deixa as fatias mais longas e rende mais).

Em seguida, remova as gemas e as amasse com pasta de anchovas a gosto, ou molho apimentado, ou ainda patê de presunto. Ou você pode adicionar curry e colocar um pouco de caviar por cima, o que resultará em ovos realmente sofisticados.

Falando em pasta de anchovas, ela dura quase que para sempre na geladeira. Uma amiga tem um pote há seis anos (o marido dela detesta anchovas), e a pasta continua firme e forte.

PÃO COM RAIZ-FORTE

Misture 2 colheres (sopa) de raiz-forte em conserva com ¼ xícara (chá) de manteiga. Passe em rodelas finas de pão.

QUEIJO ENFORMADO

- ✓ 680 g de queijo processado de sabor forte
- ✓ 450 g de bacon frito até ficar crocante e esmigalhado
- ✓ 1 maço de cebolinha picadinha

Misture tudo, coloque em uma tigela refratária e leva ao forno, a 200° C, durante 20 minutos. Sirva quente ou frio com torradas.

QUEIJO COM PORTO

(Não é necessário cozinhar nada.)

Rale ou moa 500 g de qualquer queijo processado, depois amasse-o até formar um creme. Adicione 2 ou 3 colheres (sopa) de vinho do porto, acrescente a quantidade que desejar de sementes de alcaravia (Kümmel) – o suficiente para que sejam ao menos notadas – e depois coloque tudo em um recipiente bonito. Tampe bem e guarde na geladeira até a hora de servir.

E assim chegamos a outro famoso supérfluo: o lanche da madrugada.

É claro que não há motivo algum para comer alguma coisa de madrugada, exceto quando se trata de bebês em fase de amamentação. Mas mesmo assim as pessoas comem. Depois de um jantar completo e um jogo de futebol, ou um filme, ou ainda depois de uma reunião, ou de praticamente qualquer atividade à noite, as pessoas comem.

Há dois tipos de convite para lanches noturnos. Um é do tipo que um marido alegre faz a todos que estão dançando enquanto a banda toca a última música da noite: "Vamos todos para a minha casa comer ovos mexidos!" (A esposa dele é a mulher parada na porta com cara de preocupada, carregando vários casacos. Ela sabe que há cinco ovos na geladeira e que todos eles têm dono.) Essas ocasiões não costumam ser bem-sucedidas.

O segundo tipo é o convite que você mesma faz, porque trata-se de um hábito da comunidade da qual faz parte e agora é a sua vez. Se não puder deixar a comunidade, você deve dar o primeiro passo – como parte de seu esforço comunitário – e sugerir que todos parem de comer tanto. Mas, até fazer isso, as seguintes ideias podem ser úteis para os lanches noturnos. Todas são fáceis e rápidas de fazer.

Primeiro, e correndo o risco de bater na mesma tecla, não se esqueça das SOPAS.

Você pode prepará-las a qualquer hora e deixá-las em fogo baixo (ou em uma panela grande tampada, no forno, a 160° C) até você voltar das festividades. Faça qualquer uma das sopas fáceis das páginas 45 e 46, ou a sopa de mariscos mencionada no início deste capítulo, ou ainda misture duas sopas enlatadas. Por exemplo:

✓ Sopa de cebola e de frango com legumes
✓ Creme de champignon e creme de espinafre
✓ Creme de champignon e creme de ostra
✓ Creme de tomate e creme de salsão

(Verifique se a sopa é condensada ou se já vem pronta para servir. Se for condensada, dilua-a de acordo com as instruções da embalagem antes de misturar com a outra sopa. Você também pode misturar uma sopa pronta para servir com outra que você mesma diluiu e terá ótimos resultados.)

Com a sopa, sirva uma grande cesta de bolachinhas de queijo ou um pão parisiense (pp. 92-93). Em geral, trata-se de uma produção praticamente indolor.

Depois temos os SANDUÍCHES QUENTES.

Você pode montá-los durante o dia e deixar a cafeteira pronta para preparar o café. Dessa forma, você só vai ter de fritá-los ou aquecê-los na hora de servir. Por exemplo:

SANDUÍCHES FRITOS

Tire a casca de algumas fatias de pão de forma. Passe manteiga e um pouco de mostarda preparada ou caseira (misture partes iguais de mostarda em pó e farinha de trigo, umedecidas com água ou vinagre). Depois coloque entre as fatias:

- ✓ Presunto e queijo suíço
- ✓ Frango e queijo suíço
- ✓ Carne e queijo suíço
- ✓ etc.

Deixe os sanduíches na geladeira até você chegar do cinema e estar pronta para comer. Então, para seis sanduíches, bata 3 ovos com ½ xícara (chá) de creme de leite. Mergulhe os sanduíches na mistura e frite-os em manteiga ou em óleo.

SANDUÍCHES DE PIZZA

Passe molho de tomate para pizza em duas fatias de pão. Para o recheio, use uma fatia de salame, uma fatia de muçarela ou queijo processado com sabor forte (o queijo processado derrete melhor) e uma pitada de alho em pó. Grelhe os sanduíches na manteiga.

PÃES RECHEADOS DE ATUM

para 6 pessoas

Misture os seguintes ingredientes:

- ✓ 110 g de queijo prato picado
- ✓ 3 ovos cozidos picados
- ✓ 2 latas de atum em pedaços
- ✓ ½ xícara (chá) de maionese
- ✓ 2 colheres (sopa) de pimentão verde picado
- ✓ 2 colheres (sopa) de cebola picada
- ✓ 2 colheres (sopa) de azeitonas recheadas picadas
- ✓ 2 colheres (sopa) de picles picados

Coloque a mistura no meio de seis pães de hambúrguer ou de cachorro-quente. Embrulhe os pães em papel-alumínio e se esqueça deles. Depois, é só aquecê-los no forno a 180° C por 30 minutos.

SANDUÍCHE DE SEXTA À NOITE

para 4 pessoas

(Você pode misturar os ingredientes com antecedência. Depois só vai precisar fritar o bacon, montar os sanduíches e assá-los. Não deixe de usar as sementes de alcaravia ou kümmel. Elas fazem toda a diferença, e você vai ficar feliz por ter seguido a receita à risca.)

Em uma tigela, misture:

- ✓ 170 g de carne de siri
- ✓ 2 talos de salsão bem picadinhos
- ✓ 4 cebolinhas picadas
- ✓ 1 pote pequeno de champignons
- ✓ 1 colher (chá) de sementes de alcaravia (kümmel)
- ✓ Maionese ou creme azedo (ou coalhada, ou iogurte natural), em quantidade suficiente para umedecer

Em seguida, separe:

- ✓ 4 fatias de pão
- ✓ 8 fatias de bacon
- ✓ 4 fatias de queijo cheddar

Na hora de preparar, frite e escorra o bacon e torre o pão apenas de um lado. Espalhe a mistura de carne de siri sobre o lado não torrado, cubra-a com bacon e finalize com uma fatia de cheddar. Leve ao forno até o queijo derreter.

SANDUÍCHE RODEIO

para 4 pessoas

(É o único sanduíche do livro que não pode ser preparado com antecedência. Mas é rápido de fazer, com a vantagem de não levar nada que você não tenha sempre em casa.)

- ✓ 4 fatias de bacon
- ✓ 4 fatias de queijo de sua preferência
- ✓ 4 rodelas de cebola
- ✓ 4 ovos
- ✓ Torrada ou pão francês

Pique o bacon e frite-o até ficar crocante. (É mais fácil cortar as fatias com uma tesoura do que com uma faca.) Agora remova quase toda a gordura e espalhe os pedacinhos de bacon de maneira uniforme pela frigideira. Quebre os quatro ovos na frigideira, individualmente, deixando-os separados na medida do possível. Fure as gemas com um garfo. Coloque uma fatia grande de queijo sobre cada ovo, uma fatia de cebola sobre o queijo e tampe a frigideira. Quando a cebola estiver transparente e o queijo derretido, divida tudo em quatro partes e sirva cada uma sobre uma torrada ou uma metade de pão francês.

Mas, de vez em quando, talvez você precise de um prato para o jantar que possa preparar com antecedência, para uma partida de pôquer, por exemplo. Os homens costumam achar que, depois de fazer tanto exercício com os pulsos durante o jogo, precisam comer algo substancioso. Nesse caso, experimente:

OLÉ

6 a 8 porções

(Bom com cerveja e pão francês.)

- ✓ 250 g de macarrão cru (penne ou parafuso)
- ✓ 500 g de carne moída
- ✓ 1 cebola grande ralada
- ✓ 2 latas de milho
- ✓ 1 lata de sopa condensada creme de tomate
- ✓ 1 lata de molho de tomate
- ✓ 1 colher (chá) de pimenta chili em pó
- ✓ ½ colher (chá) de sal, ou a gosto
- ✓ Pimenta-do-reino
- ✓ ¼ xícara (chá) de queijo ralado

Primeiro, cozinhe o macarrão. Enquanto isso, refogue a carne e a cebola até a carne dourar. Em seguida, acrescente os demais ingredientes (exceto o queijo ralado) e cozinhe até misturar bem. Em uma travessa grande, alterne camadas de macarrão e carne e finalize com o queijo ralado. Quando você ou seu marido estiverem prontos, leve ao forno por 30 minutos a 180° C.

CARNE SINFONIA

(Este é um bom prato para depois do teatro, caso você queira vestir algo mais sensual e preparar uma receita que faça as pessoas pensarem que você cozinha melhor do que realmente cozinha.)

- ✓ 2 colheres (sopa) de manteiga
- ✓ 500 g de creme azedo (ou coalhada, ou iogurte natural)
- ✓ 1 lata (450 g) de corações de alcachofra
- ✓ ½ xícara (chá) de vinho branco seco ou vermute seco

- ✓ 1 colher (sopa) cheia de parmesão ralado
- ✓ 250 g de carne-seca dessalgada e desfiada
- ✓ Torradas com manteiga

Derreta a manteiga em uma frigideira em fogo baixo e adicione o creme azedo. Mexa bem e não entre em pânico se começar a empelotar, continue mexendo até ficar liso. Corte os corações de alcachofra em fatias finas e adicione-as ao creme azedo, com o vinho, o parmesão e a carne-seca. Mexa tudo e mantenha aquecido na frigideira até a hora de usar. Sirva quente sobre torradas com manteiga, polvilhando com mais parmesão.

E, é claro, você sempre pode fazer ovos mexidos.

9

Sobremesas

OU AS PESSOAS JÁ ESTÃO GORDAS MESMO

É uma experiência fascinante passear pelos corredores de misturas prontas no supermercado, com as prateleiras lotadas de tudo que você possa imaginar, de misturas para bolo a pó para pudins, tudo pronto – basta adicionar água ou leite, misturar e assar.

Em momentos como esse, vemos claramente como a ciência evoluiu. Se encontrarem logo a cura para o resfriado e fizerem a bomba de cobalto, talvez ainda tenhamos nosso lugar ao sol.

Eu soube que, por meio de pesquisas exaustivas, as pessoas que fazem as misturas prontas descobriram que a maioria das mulheres não gosta que alguém faça todo o trabalho por elas. A teoria afirma que, se as mulheres perceberem que não fizeram nada além de adicionar leite, misturar e colocar a assadeira no forno, não terão a mesma satisfação que poderiam ter se preparassem aquele bolo. Por isso, muitas misturas prontas foram revistas, e agora é bastante comum você ter de adicionar um ovo também.

Mas, na nossa opinião de mulheres que odeiam cozinhar, eles não precisavam ter se incomodado. Não nos sentimos satisfeitas adicionando um ovo, mas pintando quadros ou banheiros, cuidando de gerânios ou de bebês, escrevendo histórias ou corrigindo-as, ou, possivelmente, fazendo alguma pesquisa psiconeuroquímica, testando, por exemplo, a substituição de coloides por sulfatos. E nós simplesmente amamos as misturas prontas.

De fato, no decorrer de uma vida normal, não há motivos para cozinhar uma sobremesa. Com misturas prontas, frutas frescas, congeladas ou enlatadas e sorvetes com dezenas de sabores fascinantes, sua família certamente não vai passar nenhuma vontade.

Este capítulo, portanto, não contém receitas de doces folhados, suflês ou fabulosas tortas de merengue, gotas de chocolate e castanha-de-caju. Caso você queira fazer algo assim, seu enorme e pesado livro de receitas deve conter todos os tipos. Mas nunca se sinta culpada por não querer preparar uma sobremesa. Como dizem por aí, essas coisas ficam alguns segundos na sua boca e a eternidade em seus quadris. E você bem sabe o que dizem os médicos.

Este capítulo também não traz sobremesas tipicamente caseiras, como o arroz-doce da tia Hattie ou o crocante de maçã da Emma. Para quem detesta cozinhar, essas coisas não costumam ser saborosas o bastante para que o trabalho valha a pena. Além disso, o pessoal das misturas prontas, com seus pudins instantâneos, coberturas prontas etc. etc., já cuidou desse departamento com muita eficiência.

O que este capítulo traz é uma receita superfácil de bolo, algumas receitas de coberturas e umas poucas mais elaboradas – para quando acabarem as misturas prontas. E ainda algumas coisas simples, mas festivas, para preparar com frutas, sorvete e o que mais você tiver em casa.

BOLO SUPERFÁCIL

(Esta é uma receita famosa, eu acho, mas nem imagino quem a inventou. Eu a encontrei em um jornal há muitos anos, pensei em recortá-la, mas não fiz isso, e acabei comendo o bolo na casa de uma amiga. Ele estava escuro, saboroso, úmido e com muito chocolate, e ela disse que não levou mais que cinco minutos para prepará-lo. Então eu decidi tentar. Por incrível que pareça, o meu também ficou escuro, saboroso, úmido e com muito chocolate. E levei cinco minutos e meio para preparar, incluindo o tempo gasto procurando o vinagre.)

- ✓ 1½ xícara (chá) de farinha de trigo peneirada
- ✓ 3 colheres (sopa) de cacau em pó (ou chocolate em pó)
- ✓ 1 colher (chá) de bicarbonato de sódio
- ✓ 1 xícara (chá) de açúcar
- ✓ ½ colher (chá) de sal
- ✓ 5 colheres (sopa) de óleo
- ✓ 1 colher (sopa) de vinagre
- ✓ 1 colher (chá) de essência de baunilha
- ✓ 1 xícara (chá) de água gelada

Coloque a farinha peneirada novamente na peneira, adicione o cacau em pó, o bicarbonato de sódio, o açúcar e o sal e peneire diretamente sobre uma assadeira quadrada untada, medindo aproximadamente 23 x 23 cm e com mais ou menos 5 cm de altura. Agora faça três sulcos, ou buracos, nessa mistura seca. Em um deles, coloque o óleo; no seguinte, o vinagre; e no outro, a essência de baunilha. Depois, derrame a água gelada por cima de tudo. Vai parecer que você está fazendo bolinhos de lama, mas misture tudo com uma colher até ficar homogêneo e a farinha desaparecer. Leve ao forno a 180° C por 30 minutos.

E temos algumas COBERTURAS fáceis:

A BOA E VELHA COBERTURA DE AÇÚCAR DE CONFEITEIRO

Peneire 2 xícaras (chá) de açúcar de confeiteiro com 1 pitada de sal. Adicione 1 colher (chá) de essência de baunilha e acrescente creme de leite suficiente, batendo até ficar na consistência certa para cobrir o bolo.

COBERTURA DE GELEIA

Em banho-maria, misture:

- ✓ ½ xícara (chá) de qualquer tipo de geleia
- ✓ 1 clara de ovo sem bater
- ✓ 1 pitada de sal

Bata tudo com uma batedeira portátil ou mixer por 5 minutos, ou até que a geleia desapareça. Retire do fogo, continue batendo até formar picos bem firmes e cubra o bolo em seguida.

COBERTURA DE AÇÚCAR DA MAGGIE

Deixe o bolo assar 5 minutos a menos do que pede a receita. Retire-o do forno, mas não desligue. Deixe o bolo esfriar um pouco. Então espalhe esta mistura sobre ele:

- ✓ ¼ xícara (chá) (ou 50 g) de manteiga em temperatura ambiente
- ✓ ⅔ xícara (chá) de açúcar mascavo
- ✓ 2 colheres (sopa) de creme de leite
- ✓ Amendoins ou nozes picadas, ou coco ralado (a quantidade que você tiver ou quiser)

Leve o bolo de volta ao forno por mais 5 minutos, ou até que a cobertura borbulhe.

Ainda mais fácil é colocar balas de menta cobertas com chocolate por cima de um bolo quente, levá-lo de volta ao forno até que as balas derretam um pouco, depois espalhá-las sobre o bolo com uma faca.

E você pode colocar marshmallow em cima de bolinhos quentes, que acabaram de assar, e levá-los de volta ao forno até que o marshmallow doure.

O problema do queijo

Os criadores de cardápios sofisticados gostam de anunciar, com um casual aceno de mão: "E, de sobremesa, traga a tábua de queijos com torradas".

Isso pode parecer fácil e barato, mas não é. Aquele pedaço de parmesão que você tem na geladeira não vai encher uma tábua de queijos. (Você se lembra daquela bela foto que acompanha a sugestão?) Além do parmesão, você vai precisar, pelo menos, de edam, gruyère e camembert de boas marcas, se quiser impressionar. E queijos bons são caros.

Além disso, a tábua de queijos não fica nada parecida com aquela bela foto depois que os queijos são provados. Você não pode servi-los novamente, então acaba sendo obrigada a fazer bolinhas de queijo, sanduíches de queijo, macarrão com queijo e pratos cobertos com queijo. Embora essas coisas sejam ótimas, é uma pena desperdiçar ingredientes tão caros com elas.

E há outra questão. Queijo de sobremesa é algo parecido com o poema *Paraíso perdido*: todo mundo acha que *precisa* gostar, mas você não vê muita gente por aí que realmente adora. Eu gosto bastante de queijo, mas sempre me lembro de um jantar em um trem, enquanto comia uma fatia de roquefort e reparava que não havia mais nenhum queijo à vista. Sundaes de chocolate, bolos de chocolate e tortas de frutas, mas nada de queijo. Confesso que me senti bem superior.

De qualquer modo, você precisa ter certeza de que seus convidados realmente adoram queijo antes de gastar tanto. Afinal, você espera que sirvam algo de que você goste quando for à casa deles.

O arranjo de frutas

As pessoas que ganharam lindas cestas de frutas costumam gostar de servi-las de sobremesa. Geralmente essas cestas têm duplo propósito, sendo basicamente um enfeite que pode ser consumido, caso as pessoas queiram.

E isso é algo realmente econômico, porque geralmente ninguém come muito. Não sei se você já reparou, mas ninguém ataca o abacaxi pedindo uma faca ou diz: “Beleza, mamão!” As pessoas costumam pegar apenas algumas uvas ou cerejas e *só*. Quem inventou o arranjo de frutas era mesmo muito esperto.

Além disso, existem outras coisas simples que você pode fazer com frutas:

Você pode remover as sementes das metades de um melão e preencher as cavidades com sorvete de limão. (Essa é uma sobremesa ótima para servir depois de um jantar com curry.)

Ou você pode preencher as cavidades com morangos frescos picados, abacaxi fresco com um pouco de açúcar e derramar por cima uma calda de sorvete de creme batido com um pouco de conhaque.

Ou você pode ainda preparar:

CREME DE UVA

6 a 8 porções

Misture:

- ✓ 4 xícaras (chá) de uvas sem sementes
- ✓ 1 xícara (chá) de creme azedo (ou coalhada, ou iogurte natural)
- ✓ ½ xícara (chá) de açúcar mascavo

Leve à geladeira por pelo menos 2 horas – ou de um dia para o outro, se preferir – e sirva em taças. Fica ótimo com biscoitos.

CREME DE MAÇÃ

4 a 5 porções

(Uma sobremesa fácil e saborosa para quando você não tem frutas frescas além de maçãs à disposição.)

Rale ¾ de xícara (chá) de maçã vermelha com casca, usando o ralo médio.

Depois misture com:

- ✓ ¾ xícara (chá) de creme de leite fresco, batido até ficar firme
- ✓ ¼ xícara (chá) de açúcar
- ✓ 2½ colheres (sopa) de suco de limão
- ✓ 1 pitada de sal

Coloque a mistura em uma travessa e leve ao freezer até congelar. Depois de 1 hora, bata um pouco a mistura. Sirva em taças.

E por falar em frutas frescas, pêssegos e frutas vermelhas ficam ótimos cobertos com um creme de confeiteiro mais ralo (preparado de acordo com seu enorme livro de receitas), aromatizado com xerez ou baunilha, que você pode manter na geladeira.

Ou você pode usar pudim instantâneo de baunilha da mesma maneira. Adicione um pouco mais de leite do que pede a embalagem e acrescente uma dose de xerez.

E depois temos o creme azedo (que pode ser substituído por coalhada ou iogurte natural). Levemente diluído com creme de leite ou leite, é uma excelente cobertura para morangos, pêssegos, framboesas, cerejas e pêssegos em calda.

A seguir, temos as sofisticadas sobremesas de frutas com vinho que os gourmets adoram e que são imbatíveis para quem odeia cozinhar. Causam o máximo efeito com o mínimo esforço. E também não são caras, como a princípio podem parecer.

Vinhos como porto, xerez ou moscatel não costumam ser muito caros. Você paga mais por um bolo de uma boa confeitaria, e ele acaba em dois dias. Se você guardar bem o vinho, ele vai durar meses, pois a maioria das receitas pede uma quantidade mínima.

Quanto a bebidas como conhaques e licores, que são mais caras, a solução é achar alguém para dividir as despesas. Encontre outra pessoa que odeia cozinhar – não vai ser difícil – e divida com ela uma garrafa. Coloque a sua metade em um recipiente feio e marque "conhaque para cozinhar". Assim você não vai ficar tentada a servi-lo para visitas.

MORANGOS EM VINHO DO PORTO

Despeje vinho do porto em morangos maduros levemente polvilhados com açúcar, dispostos em taças. Leve-as para gelar antes de servir.

MORANGOS EM CONHAQUE

Coloque os morangos em uma tigela de vidro, derrame conhaque sobre eles e leva à geladeira. Logo antes de servir, polvilhe com açúcar de confeiteiro.

SOBREMESA DO DESERTO

6 porções

- ✓ 5 laranjas descascadas e cortadas em fatias finas
- ✓ ½ xícara (chá) de amêndoas torradas e picadas
- ✓ ¾ xícara (chá) de tâmaras desfiadas
- ✓ ⅔ xícara (chá) de suco de laranja
- ✓ ⅓ xícara (chá) de conhaque

Misture todos os ingredientes em uma bela saladeira e deixe na geladeira por pelo menos 2 horas. Sirva em taças.

COMPOTA DE MELÃO E VINHO

- ✓ Bolas de melão-cantaloupe
- ✓ Bolas de melão-amarelo

- ✓ Bolas de melancia
- ✓ Açúcar de confeiteiro
- ✓ Vinho moscatel

Faça as bolas de frutas com um boleador, coloque-as em uma tigela e polvilhe-as com açúcar de confeiteiro. Adicione vinho até a metade da tigela. Leve para gelar por pelo menos 2 horas, mexendo de vez em quando.

PERAS SICILIANAS

8 porções

- ✓ ¼ xícara (chá) de amêndoas picadas, torradas ou não
- ✓ 1 colher (sopa) de manteiga derretida
- ✓ 2 gotas de extrato de amêndoas
- ✓ 4 peras grandes cortadas ao meio, com o miolo removido
- ✓ ¾ xícara (chá) de xerez

Misture as amêndoas, a manteiga e o extrato de amêndoas, depois preencha a cavidade das peras com essa mistura. Coloque-as em uma assadeira ou travessa, derrame o xerez sobre elas e leve-as ao forno, a 180° C, por 30 minutos. Sirva quente ou gelada.

MELÕES MEDITERRÂNEOS

Corte melões-cantaloupe ao meio, remova a polpa e pique-a. Misture com outras frutas que tiver em casa: framboesas, morangos, pedaços de abacaxi, uvas sem semente, pêssegos – qualquer uma delas ou todas. Adicione 2 colheres (sopa) de kirsch e misture. Leve para gelar e sirva nas metades dos melões.

TAÇA ROYALE

(Apenas uma taça de frutas, mas enobrecida com kirsch.)

✓ 1 xícara (chá) de cerejas sem caroço (frescas ou em conserva)
✓ ½ xícara (chá) de kirsch
✓ Chantilly
✓ ½ colher (chá) de noz-moscada
✓ ½ colher (chá) de gengibre em pó
✓ ½ colher (chá) de macis
✓ 1 colher (chá) de canela em pó

Deixe as cerejas de molho no kirsch por pelo menos 1 hora. Misture todas as especiarias. Depois, coloque as cerejas em taças, cubra com o chantilly e polvilhe com as especiarias.

Eis algumas coisas simples para fazer com SORVETE:

Você pode misturar frutas secas picadas, especiarias e 60 ml de conhaque ou uísque com 1 litro de sorvete de creme. Depois, espalhe a mistura em uma travessa e leve ao congelador novamente.

Você pode fazer o mesmo com caramelo duro com amêndoas, em pedaços, mas omita o uísque. Também se pode usar pé de moleque em pedaços.

Em seguida, chegamos aos PARFAITS.

Para quem odeia cozinhar, uma das melhores maneiras de driblar o problema das sobremesas sofisticadas é comprar seis ou oito taças ou copos altos para parfait. Compre seis ou oito colheres longas também, caso não tenha. Horas antes de os convidados chegarem, você pode encher as taças, cobri-las com chantilly e deixá-las na geladeira. Assim, você não terá de preparar nada em cima da hora para a sobremesa.

Você pode, por exemplo, colocar em camadas na taça:

- ✓ Geleia de morango e sorvete de morango
- ✓ Sorvete de amendoim (ou nozes) e amendoins (ou nozes) picados
- ✓ Sorvete de chocolate ou de café e amêndoas torradas

Sirva com chantilly por cima.

Ou você pode encher as taças com sorvete, fazer um buraco no meio com o cabo de uma colher de pau e adicionar licor:

- ✓ Creme de cacau, creme de menta ou licor de anis com sorvete de creme
- ✓ Creme de menta com sorvete de abacaxi
- ✓ Licor de laranja com sorvete de pêssego

Sirva com chantilly por cima.

(Outra maneira de servir licor com sorvete é servir apenas o sorvete na taça e o licor em uma tacinha à parte. Os convidados poderão derramar a bebida no sorvete ou tomar o licor separado, como preferirem.)

E não se esqueça do famoso SUNDAE. As pessoas *adoram*.

SUNDAE DE LARANJA

Descongele ligeiramente um suco de laranja congelado e espalhe sobre sorvete de creme, decorando com raspas de casca de laranja ou lascas de chocolate amargo.

SUNDAE DE MEL E AMÊNDOAS

Aqueça o mel e espalhe ainda quente sobre sorvete de creme. Decore com amêndoas torradas picadas.

SUNDAE DE CHOCOLATE

(Uma calda de chocolate fácil e saborosa que dura bastante tempo na geladeira.)

✓ 60 g de chocolate amargo
✓ 2 colheres (sopa) de manteiga
✓ ⅔ xícara (chá) de açúcar
✓ ½ xícara (chá) de leite evaporado
✓ 1 colher (chá) de essência de baunilha
✓ ¼ xícara (chá) de xerez

Derreta o chocolate e a manteiga em fogo baixo e misture o açúcar e o leite. Cozinhe em fogo brando até o açúcar se dissolver por completo e a calda engrossar. Em seguida, adicione a essência de baunilha e o xerez. (O xerez é opcional, mas dá um sabor incrível.) Sirva sobre o sorvete.

Ao servir sorvete de sobremesa, é bom servir um BISCOITO também. Mas às vezes você não tem biscoitos prontos nem congelados. Então, de vez em quando, é preciso preparar alguns.

Quem odeia cozinhar precisa de uma receita específica de biscoitos, que não leve *ingredientes exóticos*. Precisa ser *fácil*. Ela não pode, acima de tudo, exigir que você *abra e corte a massa*. O resultado tem de ser *biscoitos excepcionalmente bons*, e precisa render bastante.

As receitas a seguir atendem a todas essas exigências.

AMANTEIGADOS DE COCO

Na batedeira, bata os seguintes ingredientes, até ficarem cremosos:

✓ 100 g de manteiga
✓ 100 g de gordura vegetal hidrogenada
✓ 3 colheres (sopa) de açúcar
✓ 2 xícaras (chá) mal cheias de farinha de trigo
✓ 1 xícara (chá) de coco ralado

Faça dois rolos com a massa e enrole-os em papel-manteiga. Leve ao freezer por cerca de 90 minutos e depois fatie. Asse os biscoitos em uma assadeira não untada por 20 minutos, a 180° C – até ficarem *levemente* dourados. Depois, mergulhe-os em açúcar de confeiteiro.

BISCOITOS DE ESPECIARIAS DA MOÇA DO ELEVADOR

(Uma vez, no elevador do prédio onde fica meu escritório, eu estava comendo biscoitos de especiarias que havia preparado usando uma receita do meu enorme livro de receitas. Dei um para a moça do elevador. "Nossa", ela disse pensativa. "Eu faço um biscoito de especiarias bem melhor que esse." Então ela me deu a receita, e ela tinha razão. Este é um biscoito simples, saboroso e a receita rende bastante.)

Misture bem:

- ✓ ¾ xícara (chá) de gordura vegetal hidrogenada
- ✓ 1 xícara (chá) de açúcar
- ✓ 1 ovo inteiro
- ✓ ¼ xícara (chá) de melado

Depois peneire e junte à massa:

- ✓ 2 xícaras (chá) de farinha de trigo
- ✓ 2 colheres (chá) de bicarbonato de sódio
- ✓ ¼ colher (chá) de sal
- ✓ 1 colher (chá) de canela em pó
- ✓ ¾ colher (chá) de cravo em pó
- ✓ ¾ colher (chá) de gengibre em pó

Agora misture tudo e faça bolinhas do tamanho de uma noz. Coloque-as em uma assadeira untada, deixando mais ou menos 5 cm de espaço entre elas, e leve ao forno, a 180° C, por 10 a 12 minutos.

BISCOITOS DE AVEIA DA SELMA

(Estes biscoitos e aqueles de aveia comuns têm a mesma relação que o Rolls-Royce tem com a bicicleta.)

Bata os seguintes ingredientes na batedeira:

- ✓ 100 g de gordura vegetal hidrogenada
- ✓ 1 xícara (chá) de açúcar
- ✓ ½ xícara (chá) de açúcar mascavo

Depois adicione um ovo batido. Agora peneire junto:

- ✓ 1½ xícara (chá) de farinha de trigo
- ✓ 1 colher (chá) de bicarbonato de sódio
- ✓ 1 colher (chá) de canela em pó

E adicione à primeira mistura. Depois acrescente:

- ✓ 1½ xícara (chá) de aveia em flocos finos
- ✓ ¾ xícara (chá) de nozes trituradas
- ✓ 1 colher (chá) de essência de baunilha

Leve à geladeira por 1 hora. Depois, coloque porções do tamanho de uma noz em uma assadeira untada. Passe manteiga na base de um copo pequeno, mergulhe-a em açúcar cristal e achate com ele as porções de massa. Faça isso em todas elas. Não é preciso untar a base do copo novamente, apenas mergulhe-a no açúcar todas as vezes que for achatar os pedaços de massa. Asse a 180° C por 10 minutos.

Observação: Esse esquema de gelar a massa e depois achatar as porções com a base de um copo dá certo com quase todos os tipos de biscoito cuja massa deva ser aberta e cortada com um cortador, e é bem mais fácil.

MACAROONS DE VÉSPERA

(Esses biscoitos são bem rápidos de fazer, se você se lembrar de misturar o óleo, a aveia e o açúcar na noite anterior. São macios e têm sabor de amêndoas.)

Na noite anterior, misture:

- ✓ 4 xícaras (chá) de aveia em flocos finos
- ✓ 2 xícaras (chá) de açúcar mascavo
- ✓ 1 xícara (chá) de óleo

Na manhã seguinte, adicione à mistura de aveia:

- ✓ 2 ovos batidos
- ✓ 1 colher (chá) de sal
- ✓ 1 colher (chá) de essência de amêndoas

Com uma colher de chá, coloque porções da massa em uma assadeira untada. Leve ao forno por 15 minutos a 160° C. Retire-os do forno assim que ficarem prontos.

BISCOITOS IMPROVISADOS

Caso precise de biscoitos para crianças e não queira preparar nenhuma receita, você pode passar açúcar de confeiteiro umedecido com creme de leite e essência de baunilha entre bolachas do tipo maizena.

BISCOITOS DE CHOCOLATE MACIOS

(Estes biscoitos são práticos caso você queira brownies, mas não tenha nozes à mão. São deliciosos puros ou com a boa e velha cobertura de açúcar de confeiteiro, p. 142, ou com uma cobertura pronta de chocolate.)

Em uma panela, derreta:

- ✓ 60 g de chocolate meio amargo
- ✓ ¼ xícara (chá) de óleo

Depois adicione e misture:

- ✓ 1 xícara (chá) de açúcar
- ✓ 2 ovos inteiros
- ✓ 1 colher (chá) de essência de baunilha

Depois, peneire junto e adicione:

- ✓ 1 xícara (chá) mal cheia de farinha de trigo
- ✓ 1 colher (chá) de fermento em pó
- ✓ ¼ colher (chá) de sal

Leve à geladeira por 1 hora. Depois umedeça as mãos e faça bolinhas com a massa. Passe-as em açúcar de confeiteiro e asse a 200° C por 10 minutos.

E, finalmente, chegamos a algumas coisas simples em geral:

VINHO DO PORTO COM NOZES

Os britânicos descobriram isso há séculos, e ninguém conseguiu aprimorar a receita desde então. Coloque uma tigela de nozes partidas e uma garrafa de vinho do porto na mesa. Coloque taças de vinho e pratinhos individuais também na mesa. Sirva o vinho do porto e passe as nozes.

PUDIM DE CHOCOLATE E XEREZ

4 porções

- ✓ 1 pacote de mistura para pudim de chocolate
- ✓ Leite integral na quantidade descrita na embalagem da mistura
- ✓ ¼ xícara (chá) de xerez

Prepare o pudim adicionando o leite de acordo com as instruções da embalagem. Quando tirar o pudim do fogo, adicione o xerez e distribua a mistura em taças. Sirva com chantilly por cima, polvilhando com canela.

E você também pode fazer:

PUDIM DE CAFÉ

Derreta 12 marshmallows em 2 xícaras (chá) de café preto forte. Adicione creme de leite suficiente para deixar a mistura com cor de café com leite e coloque-a em uma forma para levar ao freezer. Deixe congelar por 8 horas. Sirva em taças com chantilly por cima e nozes picadas, se tiver.

E finalmente chegamos ao:

CAFÉ CHANTILLY

Adicione 1 colher (sopa) de conhaque a 1 xícara de café bem forte. Sirva com 1 colher (chá) de chantilly sem açúcar.

Para encerrar este capítulo com chave de ouro, vale lembrar que esse café tem só cinquenta calorias por xícara.

10

Festa de criança

OU ELAS SÓ VIERAM POR CAUSA DAS BEXIGAS

Por sorte, as crianças não podem decidir sozinhas se farão uma festa, como fazem os adultos. Essa é uma área em que a mamãe ainda manda. As crianças têm festas de aniversário e *só*. E essas festas não são tão terríveis quanto parecem. A única coisa a temer é o medo em si.

Em primeiro lugar, a decoração é fácil. As crianças não costumam ser exigentes em relação a isso. Se for colorida, é legal. E vários meses do ano contêm datas comemorativas e feriados para os quais são confeccionadas toneladas de itens de decoração, de chapeuzinhos a pratos e guardanapos.

- Fevereiro/março – Carnaval
- Abril – Páscoa
- Junho – Festas juninas
- Setembro – Chegada da primavera
- Outubro – Dia das Crianças e Halloween
- Dezembro – Natal

Sempre ligue a festa de aniversário ao feriado mais próximo! Assim você não vai perder tempo inventando coisas pavorosas como Festa do Pirata ou Festa do Peão de Rodeio. No inverno, você pode fazer uma Festa da Bola de Neve, com ou sem neve: balões brancos, bonecos de marshmallow, bolinhos cobertos com coco ralado, massinha de modelar branca para um concurso de bonecos de neve etc. etc. E, no verão, você pode preparar a Festa do Andarilho, que descreverei mais adiante.

Mas você deve se lembrar de algo importante: a festa é para as crianças, não para as mães. Por isso, você não precisa limpar a casa antes de os convidados chegarem, apenas depois. Também significa que você não precisa convidar a mãe para entrar quando ela trouxer a criança até sua casa. Faça uma cara cansada e diga: "Sei que você prefere ficar longe desse caos. Nós levaremos a Angela para casa em duas horas, quando a festa acabar".

(Oferecer para levar a criança para casa é a atitude mais esperta da sua vida, mesmo que você tenha que bancar a motorista, porque isso lhe permite encerrar a festa. Quando os pequenos começarem a jogar bolo uns nos outros, e antes que o pestinha da turma tenha tempo de destruir mais um presente, bata palmas alegremente e diga: "A festa acabou!" Coloque os casacos nas crianças e leve-as para casa.)

Outra coisa importante que precisa ser lembrada: cuidado com tudo que seja engraçado ou diferente! Conheço uma mãe que se empenhou em fazer uma festa de aniversário com o tema "Natal mexicano" para o filho. Mantas listradas, sombreiros e grandes balões de papel perdiam do teto, um deles cheio de pequenas surpresas. Uma por vez, as crianças tentavam derrubar os balões com um cabo de vassoura. Mas, como minha amiga me contou, as atividades eram meio violentas, e uma das crianças finalmente anunciou ao grupo que aquela era uma festa idiota que não tinha nada a ver com Natal.

Não esqueça que as crianças são conservadoras, ainda mais quando se trata de comida. Tente fazer o pequeno Junior provar o molho de castanhas, se for a primeira vez que ele viu uma castanha na vida e se a profunda sabedoria infantil já tiver lhe informado que castanhas são nojentas, e você vai entender do que estou falando.

A primeira festa de aniversário da minha filha, aos 3 anos, foi um desses casos. Eu queria que fosse uma festa especial. Então servi frango da realeza para crianças de 3 a 6 anos, sem pimentões, mas eles não quiseram nem saber. Também não comeram os pãezinhos, pois aqueles eram pãezinhos de café da manhã. Os palitos de cenoura foram um sucesso estrondoso, comparativamente falando, porque cada criança comeu um. Mas o leite foi completamente ignorado, pois elas estavam empolgadas demais com o bolo que seria servido. Se os confeiteiros conseguissem fazer um delicioso bolo de aniversário com espinafre, cenoura, carne e leite integral, seria um enorme sucesso.

Portanto, este capítulo contém seis cardápios para um almoço ou jantar de aniversário dos quais os pequenos poderão gostar.

Mas é preciso levantar a questão: se você odeia cozinhar, por que convidar crianças para comer na sua casa? Por que não servir o bom e velho sorvete e depois o bolo e *só*?

A resposta é dupla: se seu filho souber que terá uma festa de aniversário à tarde, ele ficará ansioso e não vai conseguir almoçar (como todos os pequenos convidados quando souberam que vão a uma festa). Então, se você servir bolo e sorvete no meio da tarde, seu filho não vai jantar e vai ter dor de barriga à noite. Além disso, você pode estar em débito com outras mães que serviram um almoço ou jantar para o *seu* filho. A etiqueta manda.

Cardápio nº 1

(Até que alguém crie um assado saboroso de chiclete, picolé e pasta de amendoim, o velho assado de atum e champignons vai funcionar muito bem.)

Assado de atum e champignons
Salada de frutas
Leite
Sorvete
Bolo de aniversário

ASSADO DE ATUM E CHAMPIGNONS

6 porções pequenas

Misture os seguintes ingredientes:

- ✓ 2 latas de atum em pedaços
- ✓ 2 ou 3 xícaras (chá) de macarrão cozido
- ✓ 1 lata de sopa condensada creme de champignon diluída em ½ lata de leite
- ✓ ½ xícara (chá) de ervilhas congeladas ou enlatadas
- ✓ Sal e pimenta-do-reino
- ✓ Queijo ralado

Coloque tudo em uma travessa untada e espalhe o queijo ralado por cima. Leve ao forno a 160° C por 30 minutos.

Cardápio nº 2

(Quanto mais novas as crianças, melhor será este cardápio.)

Ovos mexidos
Ervilhas
Batatas chips
Sorvete
Bolo de aniversário

Cardápio nº 3

Hambúrgueres grelhados ou feitos na churrasqueira, servidos com pão
Talos de salsão recheados com queijo ou pasta de amendoim
Tomates-cereja
Sorvete
Bolo de aniversário

Cardápio nº 4

Cachorro-quente no pão com manteiga (deixe-as colocar a própria mostarda)
Salada de laranja e cenoura
Sorvete
Bolo de aniversário

SALADA DE LARANJA E CENOURA

6 porções pequenas

Prepare 1 pacote de gelatina de laranja usando 1½ xícara (chá) de àgua. Descasque e rale uma cenoura grande. Quando a gelatina estiver quase firme, adicione a cenoura ralada e misture. Se tiver em casa, adicione também pedacinhos de abacaxi em calda. Deixe na geladeira até ficar bem firme.

Cardápio nº 5

COXAS DE FRANGO FRITAS
SALSÃO RECHEADO COM PASTA DE AMENDOIM
SANDUÍCHES DE PÃO COM MANTEIGA
SORVETE
BOLO DE ANIVERSÁRIO

(*Observação*: Tire a casca dos sanduíches e corte-os em triângulos.)

Cardápio nº 6

SOPA CREME DE GALINHA
PRATO DE SANDUÍCHES
(3 TRIÂNGULOS: 1 DE PASTA DE AMENDOIM, 1 DE SALADA DE OVOS, 1 DE ATUM)
PALITOS DE CENOURA
SORVETE
BOLO DE ANIVERSÁRIO

A Festa do Andarilho

Essa é a melhor opção para uma festa de aniversário no verão. Peça às mães que mandem as crianças com roupas velhas. Compre uma bandana (lenço colorido) para cada criança e coloque o almoço dentro dela, em seguida amarre-a à ponta de um graveto. O almoço pode ser: três triângulos de sanduíches diferentes, embalados separadamente, uma maçã ou banana, uma barrinha de chocolate, uma caixinha de leite e dois canudos. Depois, leve os pequenos mendigos, cada um com a sua trouxinha, para um piquenique no parque ou zoológico mais próximo. (Se não houver um local desses por perto, ou carro para levá-los, deixe-os dar a volta no quarteirão com as trouxinhas e depois faça o piquenique no quintal ou na varanda de casa.) No fim, mande-os entrar para comer sorvete e bolo.

Dicas e informações sábias

- Um lençol grande vira uma ótima toalha de mesa.
- Qualquer bebida fica mais gostosa com canudinho.
- Ao preparar cupcakes para o aniversário, asse-os em casquinhas de sorvete com fundo chato. As casquinhas não vão queimar e, para as crianças mais novas, são divertidas e fáceis de comer.
- Para cobrir os cupcakes, não use uma espátula. Economize tempo mergulhando o topo de cada bolinho na tigela de cobertura.
- Ao servir bolinhos individuais em vez de um bolo grande, coloque uma vela em cada um para que todos possam fazer um desejo e apagar a velinha.
- Ao escrever nomes em balões para marcar cadeiras ou como lembrancinha, faça isso depois de encher os balões, usando tinta e pincel ou esmalte de unhas.
- Se você tiver mesmo que *fazer* o bolo de aniversário, use mistura pronta, obviamente, e decore da seguinte maneira: faça uma cobertura de açúcar de confeiteiro (p. 142) e use corante alimentício para tingir metade de rosa e metade de verde. Cubra com ela biscoitos no formato de bichinhos e decore as bordas do bolo com os biscoitos.
- Um baldinho de plástico vira um ótimo centro de mesa. Coloque uma lembrancinha para cada criança dentro dele e use fitas coloridas para ligá-las aos pratos de cada criança.
- Você pode fazer copinhos para balas usando pequenas embalagens longa vida (de sucos e achocolatados pequenos). Recorte a parte de cima e cubra-as com papel crepom.

- Duas maçãs bem vermelhas, sem o miolo, ficam ótimas como castiçais.
- A maioria das crianças come pasta de amendoim com qualquer coisa. Caso você tema que seu filho cresça sem comer uma única verdura ou legume, passe pasta de amendoim em uma folha de alface, enrole-a e entregue a ele. Ele provavelmente vai comer. Outra tática que costuma dar certo é o salsão recheado com pasta de amendoim, presente nos cardápios nº 3 e nº 5.
- Se quiser, você também pode passar pasta de amendoim em uma massa aberta de pão, espalhar geleia por cima e enrolar como rocambole. Depois, corte em fatias de mais ou menos 2,5 cm e asse como de costume.
- No verão, você pode congelar cerejas em calda dentro de pedrinhas de gelo para usar na limonada. Se restarem algumas, elas também ficam ótimas em drinques para adultos.
- Falando em limonada, você pode servi-la em copos de plástico transparentes, com uma gota de corante alimentício diferente em cada um. Isso vai ficar alegre e ajudar as crianças a saberem qual é o seu copo.
- Crianças costumam chegar adiantadas às festas de aniversário. Elas não conseguem esperar, só isso. Então é uma boa ideia ter uma mesa à parte, com giz de cera e livros para colorir, para que se ocupem até a festa começar. Caso você se desespere, improvise aquela brincadeira de jogar a argola com garrafas vazias e pulseiras de plástico.
- Quando quiser fazer bolas de pipoca, molde a pipoca doce ao redor de um pirulito.
- Você não vai precisar arrumar a mesa se juntar várias caixas de sapato e fizer o seguinte: em cada caixa, coloque sanduíches embalados, um potinho de salada de laranja e cenoura (veja o cardápio nº 4), biscoitos, uma caixinha de achocolatado, um canudo, um guardanapo de papel e uma colher. Em-

brulhe cada caixa como um presente, em papel colorido, com etiquetas com o nome de cada criança. Deixe os pequenos convidados abrirem as caixas e comerem no chão do quarto de brinquedos ou do quintal.

- As crianças mais novas acham divertido escrever mensagens secretas com tinta invisível. E, em tardes chuvosas, poderiam fazer coisas bem piores. Então, dê a elas uma xícara de leite e deixe que escrevam com ele em papel sulfite. (Pincel de tinta guache funciona muito bem.) Depois, por motivos de segurança, fique por perto enquanto elas seguram o papel perto de uma vela, ou sobre a chama do fogão, e veem a mensagem aparecer.
- E, se elas não tiverem massa de modelar e precisarem desesperadamente disso, você pode misturar:
  - ✓ 1 xícara (chá) de sal
  - ✓ 1 xícara (chá) de farinha de trigo
  - ✓ 1 xícara (chá) de água
  - ✓ 1 gota de corante alimentício

  Cozinhe em fogo baixo até engrossar e deixe esfriar.
- Quando crianças mais novas estiverem chupando picolé na sala, é uma boa ideia fazer um orifício em um pratinho de papel e inseri-lo na base do picolé para segurar os respingos.
- E você pode manter as crianças ocupadas enquanto arruma a festa de aniversário pedindo a elas que prendam balões em superfícies de madeira ou gesso, como portas e paredes. Elas esfregam o balão cheio no carpete (ou em qualquer outra coisa de lã), e ele ficará preso à parede por meio da eletricidade estática. Você também pode fazer disso um jogo, para ver qual balão fica preso por mais tempo, embora eu duvide que isso um dia substitua uma partida de futebol.

11

Jantares improvisados

OU ESSA É A HISTÓRIA DA SUA VIDA

Desonestidade nunca levou ninguém a lugar nenhum, ou pode, no mínimo, derrubar você na hora do acerto de contas. Então, é melhor admitir, sem rodeios, que alguns jantares improvisados são tão saborosos quanto os de outros tipos.

Os saborosos incluem um belo bife grelhado, uma boa bisteca grelhada, um omelete feito por alguém que adora cozinhar e algumas outras coisinhas das quais eu não me lembro agora.

Quando se trata do problema do jantar improvisado, as autoridades no assunto confiam cegamente no freezer e na prateleira de emergência. Mas, na verdade, quando você odeia cozinhar, eles não ajudam muito. Os freezers que pertencem a mulheres que odeiam cozinhar possuem uma semelhança comovente. Contêm uma quantidade enorme de ossos, costelas e outros cortes de segunda para sopa, que certamente você pretende usar um dia, assim como inúmeros pacotes de frango, sopas, tortas, refeições prontas e bifes congelados. Quanto a uma prateleira de emergência decente, é praticamente impossível mantê-la. Quando você tem algumas boas opções, como uma boa carne enlatada ou um jantar mexicano completo, elas ocupam muito espaço e você não fica sossegada enquanto não as usa.

Então, de um jeito ou de outro, seu estoque se foi e lá está você, às seis horas da tarde, olhando para meio quilo de carne moída ou para uma lata de atum.

Este capítulo contém uma série de ideias sobre o que fazer com isso e com outros itens do tipo: carne-seca, carne de siri congelada etc. (Como você pode ver, é possível manter *algum tipo* de prateleira de emergência afinal. Você só não pode ter algo tão empolgante a ponto de ser devorado sozinho. Ninguém vai ficar empolgado com uma lata de atum ou com uma sopa de champignon.)

Aqui serão apresentados apenas os pratos principais, porque, em um jantar improvisado, você só vai poder usar os legumes e verduras que tiver à disposição.

Pelo mesmo motivo, as sobremesas também não aparecem. Seu enorme livro de receitas vai dizer que você deve "misturar duas deliciosas frutas enlatadas, como cerejas e pêssegos, adicionar um pouco de xerez e decorar com um pouco de chantilly". Mas quem odeia cozinhar jamais faria uma coisa dessas em um jantar improvisado, porque dá muito trabalho e você não tem nenhum dos itens em casa. Além disso, a família pode ficar um pouco confusa e pensar que é domingo.

HAMBÚRGUERES SIMPLES

4 porções

Misture cebola picada, sal e pimenta-do-reino com ½ quilo de carne moída, molde os hambúrgueres e frite. Mantenha-os aquecidos em outro recipiente, e à gordura que restou na panela acrescente:

- ✓ ½ xícara (chá) de creme de leite
- ✓ 3 colheres (sopa) de molho inglês

Mexa bem e deixe cozinhar por 1 minuto. Depois coloque os hambúrgueres em uma travessa e espalhe o molho por cima.

ALMÔNDEGAS RÁPIDAS

4 a 5 porções

Misture:

- ✓ 500 g de carne moída
- ✓ ½ xícara (chá) de farinha de rosca
- ✓ ½ xícara (chá) de leite

Faça bolinhas com a mistura e frite-as na manteiga. Em seguida, adicione:

- ✓ 1 pacote de pó para sopa de cebola
- ✓ 1 xícara (chá) de água

E misture com cuidado para não esmigalhar as almôndegas. Deixe cozinhar em fogo baixo enquanto prepara arroz para acompanhar.

HAMBÚRGUERES RECHEADOS

4 porções

Faça oito hambúrgueres *fininhos* usando carne moída temperada – é melhor abri-los entre folhas de papel-manteiga. Entre dois hambúrgueres, coloque 1 fatia de queijo e 1 fatia fina de cebola. Aperte as bordas para selar, depois frite ou grelhe como de costume.

XEREZBURGERS

4 porções

Faça hambúrgueres com ½ quilo de carne moída temperada. Doure-os na frigideira em um pouco de manteiga e coloque-os em uma travessa.

Na mesma frigideira, misture e aqueça:

✓ 1 lata de sopa condensada creme de champignon
✓ ¼ xícara (chá) de xerez

Em seguida, espalhe sobre os hambúrgueres. Depois, leve ao forno a 180° C por 15 minutos.

HAMBÚRGUERES FRANCESES

4 porções

✓ 500 g de carne moída moldada em hambúrgueres
✓ 1 pote pequeno de champignons
✓ 1 lata de sopa de cebola pronta
✓ Torrada
✓ Parmesão

Frite os hambúrgueres (sem tempero), virando de vez em quando até ficarem quase prontos. Em seguida, coloque os champignons por cima. Abra a lata de sopa de cebola e junte o líquido na frigideira. Retire os pedaços de cebola e coloque-os em cima dos hambúrgueres. Tampe e deixe cozinhar até que os pedacinhos de cebola comecem a ficar dourados.

Sirva sobre grossas fatias de torrada cobertas com o caldo da frigideira. Fica ótimo com queijo parmesão ralado por cima.

FRIGIDEIRADA RÁPIDA

4 porções

Cozinhe ½ xícara (chá) de arroz enquanto frita ½ quilo de carne moída e 2 cebolas picadas em 2 colheres (sopa) de manteiga. Depois, misture o arroz à carne. Em seguida, acrescente:

- ✓ 1½ xícara (chá) de tomates pelados em lata
- ✓ ½ colher (chá) de mostarda
- ✓ ½ colher (chá) de pimenta chili em pó
- ✓ 1 colher (chá) de sal
- ✓ 1 pitada de pimenta-do-reino
- ✓ 1 pacote de vagens congeladas em pedaços

Tampe a frigideira e cozinhe até que as vagens estejam macias, mas ainda verdes – em torno de 15 minutos.

HAMBÚRGUERES DA PATTY

6 porções

Misture a 700 g de carne moída:

- ✓ 1 colher (sopa) de salsinha picada
- ✓ 1 colher (sopa) de cebola picada
- ✓ 1 colher (chá) de sal
- ✓ 1 pitada de pimenta-do-reino

- ✓ 3 tomates médios picadinhos, sem as sementes

Faça pequenos hambúrgueres e frite-os na manteiga por 2 ou 3 minutos de cada lado. Mantenha-os aquecidos em outro recipiente. Diminua o fogo e coloque na frigideira 1½ xícara (chá) de creme azedo (ou coalhada, ou iogurte natural). Deixe ferver e tempere com sal e pimenta-do-reino. Depois, espalhe sobre os hambúrgueres.

Às vezes, você não tem quase nada em casa além de ovos e bacon. Nesse caso, você pode comer ovos com bacon. Ou pode pedir uma batata e uma cebola emprestadas à vizinha e fazer uma:

FRITADA À MODA ANTIGA

4 porções

- ✓ 4 fatias de bacon
- ✓ 4 batatas cozidas cortadas em cubos
- ✓ Sal e pimenta-do-reino
- ✓ ½ xícara (chá) de queijo ralado (qualquer queijo que você tenha em casa)
- ✓ 4 ovos
- ✓ 1 colher (sopa) de cebola picada

Pique bem o bacon e frite-o até que fique crocante. Remova a gordura da frigideira, deixando cerca de 2 colheres (sopa). Adicione as batatas, a cebola, o sal e a pimenta-do-reino. Cozinhe em fogo baixo até as batatas dourarem. Espalhe o queijo ralado por cima e quebre os quatro ovos na frigideira. Mexa sem parar em fogo baixo até que os ovos fiquem firmes, e está pronto para servir.

Apenas uma observação antes de passarmos para PEIXES RÁPIDOS.

Quando você chegar em casa com a família em cima da hora do jantar, uma boa ideia é arrumar *imediatamente* a mesa. Assim as crianças podem parar de gritar e até seu marido poderá relaxar um pouco, acreditando que o jantar está mais adiantado do que realmente está. Também ajuda usar seus melhores pratos e travessas. Uma tigela de prata dá um toque todo especial a um atum cremoso, e um simples sorvete fica mais saboroso em belas taças.

Outra coisa que ajuda, caso seu marido goste de beber vinho durante as refeições, é ter algumas garrafas de vinho tinto em casa. (A maioria dos vinhos tintos pode ser servida em temperatura ambiente, dispensando o tempo de geladeira.) Você pode abrir uma garrafa enquanto prepara o jantar improvisado, e ele vai pensar que terá um jantar de primeira. O tipo de vinho não importa muito. Mesmo que seja um vinho barato, o que vale é a intenção.

ATUM CANTONÊS

4 porções

✓ 1 lata de sopa condensada creme de salsão
✓ ⅓ xícara (chá) de leite
✓ 1 lata de atum
✓ Pimentão verde
✓ Salsão
✓ 1 pacote de macarrão chinês crocante
✓ Molho de soja (opcional)

Dilua a sopa no leite, adicione o atum, um pouco de pimentão picado e salsão. Aqueça e sirva sobre o macarrão. Fica ainda melhor se você adicionar um pouco de molho de soja, mas não é essencial.

Falando nisso, nunca se sinta culpada por servir um jantar improvisado. Lembre-se: existe certa justiça poética nesses casos. Toda mulher fica irritada quando um jantar que levou duas horas para preparar é devorado em minutos. Às vezes, é reconfortante saber que você não gastou mais tempo preparando a refeição do que a família levou para acabar com ela.

FEIJÕES BARCELONA

4 a 5 porções

Em uma panela, misture:

- ✓ 2 latas (800 g) de feijões cozidos
- ✓ 220 g de queijo ralado
- ✓ 1 lata pequena de pimentão vermelho picado
- ✓ 1 pote pequeno de azeitonas recheadas fatiadas

Mexa em fogo baixo até que o queijo derreta e tudo esteja quente. Este prato fica ótimo com pão de milho e tomates fatiados.

Nunca se esqueça da SOPA. No verão, sopas frias são ideais, caso sua família goste. Abra uma garrafa de suco de tomate, coloque em tigelas de vidro (que parecem mais frias) e sirva com uma fatia de limão ao lado. Quente ou fria, a sopa distrai a família enquanto você prepara o jantar improvisado ou decide o que fazer.

PASTRAMI PICANTE

3 porções

- ✓ 340 g de pastrami sem fatiar
- ✓ Mostarda
- ✓ Raiz-forte em conserva
- ✓ 1 ovo batido misturado com 2 colheres (sopa) de água
- ✓ Bolachas água e sal esmigalhadas
- ✓ Manteiga

Corte o pastrami em 6 fatias grossas. Misture mostarda e raiz-forte em partes iguais e passe a mistura nas fatias. Depois, mergulhe-as no ovo batido e, em seguida, nas bolachas esmigalhadas. Frite na manteiga até ficarem levemente douradas.

Sirva com purê de batatas.

CAMARÃO DO ANTHONY

5 a 6 porções

- ✓ 3 colheres (sopa) de azeite
- ✓ ⅓ xícara (chá) de manteiga
- ✓ 1 dente de alho grande cortado ao meio
- ✓ 700 g de camarão
- ✓ 1 xícara (chá) de cogumelos frescos fatiados
- ✓ Suco de ½ limão
- ✓ Torradas

Primeiro, aqueça o azeite e a manteiga em uma frigideira com o alho. Adicione os camarões e cozinhe por cerca de 7 minutos. Enquanto isso, refogue, em outra panela, os cogumelos em um pouco de manteiga. Quando os camarões estiverem dourados, adicione os cogumelos e o suco de limão e deixe cozinhar por 5 minutos.

Sirva sobre torradas.

COELHO RÁPIDO

3 porções

✓ 250 g de queijo ralado
✓ 1 lata de sopa condensada creme de champignon
✓ ⅓ xícara (chá) de azeitonas fatiadas
✓ Um pouco de pimentão picado

Em banho-maria, derreta o queijo com a sopa (sem diluir). Quando estiver quente, adicione as azeitonas e o pimentão. Aqueça por mais 2 minutos e sirva sobre torradas.

Logicamente, isso nos leva ao coelho galês. O coelho rápido vira coelho galês se você substituir a sopa de champignon por sopa de queijo cheddar, adicionar 1¼ xícara (chá) de leite, 1 lata de sua cerveja favorita, 1 colher (sopa) de molho inglês e 1 pitada de pimenta-malagueta. Aqueça tudo em banho-maria e sirva com o que você tiver em casa: torradas, arroz, pãezinhos, batatas assadas etc. E pense em todas as coisas que você pode adicionar se quiser! Por exemplo:

✓ Sobras de carne picada fritas na manteiga
✓ Salsichas fatiadas fritas na manteiga
✓ Carne de siri, atum, camarão, frango
✓ Sobras de carne de qualquer tipo
✓ Ovos cozidos fatiados, com qualquer um dos itens acima ou sozinhos (bem, seu marido almoçou no centro da cidade, não almoçou?)

E você pode servir o coelho galês *sobre* coisas. Por exemplo:

✓ Champignons refogados em torradas com manteiga
✓ Hambúrgueres grelhados

- ✓ Tomates fritos em torradas com manteiga
- ✓ Aspargos frescos, em conserva ou congelados, em torradas com manteiga
- ✓ Torradas com manteiga, finalizando com bacon crocante

Cozinheiros criativos costumam mandar você pegar uma receita e realçá-la com alguma coisa, como se a receita não fosse boa por si só. Isso é lisonjeiro, pois faz com que você se sinta como aquela princesa do conto de fadas que não conseguiu dormir por causa da ervilha que estava debaixo do 13º colchão. Mas, na minha opinião, você deve dar à receita o benefício da dúvida e segui-la à risca antes de começar a incrementá-la. Afinal, alguém trabalhou muito na cozinha para aperfeiçoar uma receita de que muita gente gosta, e, embora você possa adicionar ou subtrair ingredientes, isso não significa que vai ficar melhor que a original.

Por fim, chegamos às últimas receitinhas para um jantar improvisado.

MOLHO RÁPIDO PARA ESPAGUETE

4 porções

- ✓ ¼ xícara (chá) de azeite
- ✓ ¼ xícara (chá) de manteiga
- ✓ 1 dente de alho picado
- ✓ 2 xícaras (chá) de champignons fatiados
- ✓ Sal e pimenta-do-reino
- ✓ ¼ colher (chá) de orégano

Comece cozinhando uma quantidade de espaguete suficiente para 4 pessoas – cerda de 300 g. Em seguida, aqueça o azeite em uma panela e adicione a manteiga. Aqueça até derreter. Depois, adicione o alho, os champignons e o sal e deixe cozinhar até que os champignons fiquem macios – cerca de 12 minutos –, mexendo constantemente. Por fim, adicione o orégano e a pimenta-do-reino, misture bem e sirva sobre o espaguete cozido.

BISTECAS COM MOLHO

4 porções

- ✓ ⅔ xícara (chá) de arroz cru
- ✓ 4 bistecas de porco
- ✓ 3 cebolinhas picadas
- ✓ 1 lata de sopa condensada creme de champignon
- ✓ ⅓ xícara (chá) de leite

Comece cozinhando o arroz. Então, frite as bistecas em fogo baixo, dourando os dois lados, durante cerca de 25 minutos. (Adicione as cebolinhas picadas nos últimos 2 ou 3 minutos.) Dilua a sopa no leite, espalhe sobre as bistecas e deixe cozinhar até que o jantar esteja pronto. Isso resultará num belo molho para o arroz.

CARNE RÁPIDA E ECONÔMICA

3 a 4 porções

- ✓ 120 g de carne-seca
- ✓ 1 lata de sopa condensada creme de champignon
- ✓ 1 xícara (chá) de caldo de carne (1 tablete de caldo de carne diluído em 1 xícara de água quente
- ✓ 1 colher (sopa) de xerez ou vinho branco

Deixe a carne-seca ferver em água para remover um pouco do sal. Depois, adicione-a à sopa já diluída no caldo de carne e no vinho. (É melhor não usar xerez para culinária, porque contém sal.) Sirva com torradas ou o que tiver à disposição.

PRESUNTO DEFUMADO RÚSTICO

3 porções

- ✓ 450 g de presunto defumado fatiado (fatias com 2 cm de espessura)
- ✓ 3 colheres (sopa) de óleo
- ✓ 2 colheres (sopa) de mostarda
- ✓ ¼ xícara (chá) de açúcar mascavo
- ✓ ½ colher (chá) de sal
- ✓ 1 colher (chá) de páprica
- ✓ ½ xícara (chá) de água

Frite o presunto no óleo quente. Retire-o da frigideira e mantenha-o quente, em forno aquecido a 160° C. Coloque todos os outros ingredientes na frigideira, cozinhe por 5 minutos e coloque o presunto de volta por mais 5 minutos.

Agora tire o chapéu.

12

Dicas domésticas

OU O QUE FAZER QUANDO A BATEDEIRA EMPERRA

Como resultado de uma combinação de circunstâncias que podem acometer qualquer pessoa, nos últimos doze anos me vi intimamente envolvida com dicas domésticas. Ao longo desse período, mais de dez mil delas já passaram pelas minhas mãos. Portanto, sinto que falo com certa autoridade quando digo que a maioria dessas dicas é péssima.

Veja bem, isso não significa que não servem para nada, porque servem. É só que elas partem da amarga premissa de que *tudo* é um problema. Se você fizesse tudo que elas dizem que deve fazer, jamais teria tempo de arrumar as camas.

"Suas formas de gelo grudam no freezer?", perguntam, sabendo muito bem que grudam. "Coloque folhas de papel-manteiga embaixo delas, ou unte a parte de baixo com óleo de cozinha." Mas todos sabem muito bem que você as remove com um bom puxão ou com um belo chute, se conseguir chutar tão alto, e assim não tem de lidar com pedaços molhados de papel-manteiga ou com forminhas de gelo oleosas. Formas de gelo que grudam não são, eu repito, um problema, mas um fato da vida, como ônibus atrasado ou tintura de cabelo que não deu certo.

E depois temos a teoria do "Não jogue isso fora!". "Guarde aquela xícara de café que sobrou para fazer um delicioso pudim de café!" Que bobagem! Se fosse assim, você comeria pudim de café todos os dias da sua vida. "Guarde as cascas de ovos para colocar nas plantas do jardim!" O que deve ter algum propósito além de deixar seu jardim parecendo um lixão. Ou ainda, atingindo um clímax realmente frenético: "Sua preciosa saia de lã está cheia de furos de traça? Não se desespere! Remende os furos, pegue pedaços coloridos de lã e costure alegres flores sobre os remendos. Tipicamente tirolês!" E, ao imaginar a minha saia xadrez preto e branco devorada por traças e enfeitada dessa maneira, percebo que as coisas estão realmente difíceis no Tirol.

Geralmente, as dicas nos mandam fazer coisas que não soam muito agradáveis. Corte aquela velha cortina do boxe do banheiro e coloque os pedaços sob seu jogo americano para proteger a mesa. Use uma meia-calça velha para coar geleia.

E eu nem mencionei as dicas domésticas quimicamente complexas. Por exemplo, querem que você compre 60 ml de alguma coisa como acetato de amila, que você nem imagina para que serve e muito menos onde encontrar. Isso com o objetivo de transformar uma mancha grande em outra menor, que às vezes pode ser removida por uma lavanderia de confiança. (Você já reparou como sempre dizem "lavanderia *de confiança*"? E onde você encontraria uma lavanderia que não fosse de confiança? Todas as lavanderias que eu conheço são de gente honesta, simpática e trabalhadora, cujo único problema são as pessoas continuarem tentando remover manchas em casa.)

Este capítulo traz 75 dicas domésticas, as mais sensatas dentre as dez mil que mencionei anteriormente. Você já deve conhecer várias delas. Mas uma coisa eu garanto: todas funcionam, e nenhuma deixará você em apuros. (Certa vez, tentei remover uma pequena marca branca da mesa de madeira da minha avó usando amônia, de acordo com uma dica que li. A marquinha branca virou uma mancha enorme e opaca, e continuou assim até eu chamar meu restaurador de móveis de confiança.)

1. Se você tem uma lareira e precisa de algo para iniciar as chamas, guarde embalagens longa vida de leite e suco e restos de velas. Eles pegam fogo rapidamente.
2. Quando precisar moer nozes, amêndoas e castanhas, é mais rápido esmagá-las entre folhas de papel-manteiga com seu rolo de macarrão.
3. Quando se queimar na cozinha, a baunilha ajuda a diminuir a dor (aplique na pele, não beba). Uma pasta de bicarbonato de sódio e água tem o mesmo efeito.
4. Em vez de alfinetes, prenda o molde de costura ao tecido com fita adesiva. Ele vai ficar mais reto e você pode cortar por cima da fita.
5. Se sua filha gosta de usar rabo de cavalo, dê a ela um limpador de cachimbos para prender os cabelos. Ele não puxa os fios, como faz o elástico.
6. Botões de camisa ficam presos por mais tempo se você passar esmalte de unhas incolor no centro de cada um. Isso vai selar a linha.
7. Se estiver fazendo dieta para perder peso, use apenas uma fatia de pão para fazer sanduíches. Corte-a ao meio no sentido horizontal, assim você vai ter duas fatias bem finas. E o sanduíche também vai ficar mais saboroso.

8. Ao costurar, a linha não vai enroscar tanto se você usar linha simples, em vez de dupla.
9. Quando você ou as crianças tiverem que tomar um remédio ruim, coloque um cubo de gelo na língua antes de ingeri-lo. Isso vai entorpecer as papilas gustativas por um tempo.
10. Mesmo pessoas que têm sono pesado e costumam continuar dormindo depois de o alarme tocar vão acordar se você colocar o despertador sobre um prato de metal.
11. Quando você comprar bolos embrulhados com papel-celofane e notar que o papel está grudado na cobertura, segure o pacote sob uma torneira de água gelada por alguns instantes antes de abri-lo. O celofane vai desgrudar sem problemas.
12. Se você não tiver bases suficientes para usar como apoio para flores, faça suas próprias bases com um prego e meia batata (ou maçã). Coloque a batata no vaso com a parte cortada para baixo e faça furos na parte de cima com o prego. Você também pode derramar parafina derretida no vaso até formar um montinho e depois fazer furos nele.
13. Se tiver que remover uma farpa do dedo de uma criança, você pode anestesiar parcialmente a pele com um cubo de gelo antes de prosseguir com a cirurgia.
14. Se as roupas penduradas no armário têm a infeliz tendência de ficar amontoadas, faça sulcos no varão a cada cinco centímetros. Os cabides ficarão retidos nos sulcos.
15. Se você enrolar um pedaço de esponja de aço (que só foi usado uma vez) em papel-alumínio e apertar bem, ele não vai enferrujar.
16. Pinte suas ferramentas de jardim, ou a alça delas, de roxo ou rosa choque. Talvez assim seus vizinhos se lembrem de devolvê-las. Se não lembrarem, você mesma pode reconhecê-las e pedir de volta.
17. Para deixar sua pia mais branca, coloque uma camada de papel-toalha dentro dela e derrame água sanitária até enchar-

car o papel. Deixe-o lá por meia hora, retire e esfregue a pia com sapólio.

18. Quando suas mãos estiverem manchadas depois da jardinagem, adicione 1 colher (chá) de açúcar à espuma do sabonete ao lavá-las.
19. Quando for assar alguma coisa, você vai obter melhores resultados se pré-aquecer as assadeiras, travessas ou formas de bolo.
20. Se você colocar uma fatia de cebola sobre a picada de abelha, vai acabar com a dor e com o inchaço.
21. Você vai conseguir tirar mais suco de um limão ligeiramente seco se aquecê-lo por cinco minutos em água fervente antes de espremê-lo.
22. Você pode fazer uma boa bolsa de gelo de emergência colocando gelo picado dentro de uma luva de borracha e amarrando bem o punho.
23. Para deixar objetos cromados brilhantes, dê polimento usando bicarbonato de sódio e um pano seco.
24. Quando o tapetinho de borracha que você tem no boxe do banheiro ficar sujo, você pode limpá-lo com facilidade usando uma escovinha e algumas gotas de querosene em água quente.
25. É fácil remover a membrana branca das laranjas, para saladas ou sobremesas: basta mergulhá-las em água fervente por cinco minutos antes de descascá-las.
26. Se a manteiga estiver dura demais para bater, acelere as coisas picando-a dentro de uma tigela aquecida.
27. Você consegue fazer uma criança doente comer mais e com mais satisfação se servir uma refeição com oito pratos em uma forma de muffin ou em forminhas de empada. Várias pequenas porções – uma colher de purê de maçã, algumas vagens, alguns docinhos etc. – são mais apetitosas que três itens em grande quantidade.
28. Se você tiver um cachorro peludo – ou qualquer cachorro que solte pelos –, é uma boa ideia passar o aspirador de pó nele

com frequência. Assim você não terá de passar o aspirador no chão e nos móveis tantas vezes. Os cães costumam gostar, e as visitas com roupas escuras também.

29. Creme dental em uma escova de dentes velha é excelente para polir joias.
30. Se tiver que pregar algo em uma parede de reboco, coloque um pedacinho de fita adesiva sobre o local onde o prego vai ficar. Assim, na maioria das vezes, o reboco não vai rachar.
31. Você pode limpar com facilidade panelas de alumínio escurecidas fervendo nelas 2 colheres (chá) de cremor tártaro misturado em pouco menos de 1 litro de água. Dez minutos são suficientes.
32. Se o fio de um abajur for longo demais, você pode encurtá-lo enrolando-o em um cabo de vassoura e deixando-o assim de um dia para o outro. Ele vai ficar em espiral e mais curto.
33. Se você tiver um varal ao ar livre, pode facilmente umedecer as roupas antes de passá-las. Basta usar o jato fino de sua mangueira de jardim.
34. Se for usar maçãs picadas em uma salada ou sobremesa, mergulhe-as por dez minutos em água moderadamente salgada depois de descascá-las e cortá-las. Assim elas não ficarão escuras.
35. Não tente lavar uma panela queimada imediatamente. Deixe-a de molho de um dia para o outro em um pouco de água sanitária levemente diluída.
36. Se quiser perder peso, coloque a foto de uma moça magra e bonita na porta da geladeira. Isso vai impedir você de abri-la com frequência.
37. Sua tataravó fazia isso, e ainda funciona: deixe algumas bolinhas de gude ou pedrinhas no fundo da panela ou do recipiente que usar para banho-maria. Elas farão barulho quando a água baixar demais e vão chamar sua atenção.
38. Quando estiver amarrando pacotes para enviar a algum lugar, molhe o barbante primeiro – ele ficará esticado ao secar.

39. Você poupa muito trabalho ao lavar janelas quando faz movimentos verticais do lado de dentro e horizontais do lado de fora, ou vice-versa. Assim você não vai ter de ficar entrando e saindo para limpar áreas esquecidas.
40. Uma colher cheia de detergente na água do banho evita a formação de um anel de sujeira nas bordas da banheira. Mantenha um frasco por perto.
41. Quando tiver que bater manteiga e açúcar juntos, é uma boa ideia enxaguar a tigela com água fervente antes. Dessa maneira, o creme se formará mais rapidamente.
42. Se precisar remover nozes inteiras das cascas, deixe-as de molho em água salgada de um dia para o outro antes de abri-las.
43. Se suas velas forem pequenas demais para os castiçais e ficarem bambas, você pode resolver o problema com massa de modelar. Ou mergulhe a base das velas em água quente e aperte-as com firmeza dentro do castiçal.
44. É bom manter uma esponja de pó facial macia dentro do pote de farinha, para enfarinhar formas de bolo.
45. Se seus véus ou colarinhos de renda estiverem caídos, você pode deixá-los mais firmes passando-os a ferro entre duas folhas de papel-manteiga.
46. Quando lubrificar a máquina de costura, lembre-se de costurar um papel-filtro várias vezes antes de costurar qualquer tecido. O papel-filtro vai absorver o excesso de óleo.
47. Quando você tem camas de vários tamanhos em casa, é bom escolher um tipo de lençol para cada uma: listras para o filho, tons pastel para a filha e branco para o papai e a mamãe. Assim você não tem que bagunçar o armário de roupa de cama para encontrar o lençol certo.
48. Como quase todo mundo sabe, acetona ou removedor de esmalte tiram marcas de fita adesiva com rapidez e facilidade.
49. Sua roupa de cama vai ficar com um cheirinho ótimo se você guardar seu estoque de sabonetes espalhado no mesmo armário. Isso ainda tem uma vantagem adicional: você nunca

fica sem sabonete, porque sempre encontrará uma barra escondida em algum canto.

50. Se você tiver assoalhos polidos em casa, bem como crianças pequenas ou idosos, é uma boa ideia colar fita adesiva na sola dos sapatos. Isso evitará hematomas e até quadris quebrados.
51. Você vai economizar tempo se comprar pelo menos mais duas xícaras medidoras e mais dois conjuntos de colheres medidoras. Depois, deixe uma xícara no pote de farinha e outra no pote de açúcar. Deixe um conjunto de colheres no pote de café ou onde usá-las mais.
52. Se alguém na família estiver doente e não puder se sentar ou se levantar da cama, beberá com mais facilidade no bico de um bule ou chaleira.
53. Você pode fazer uma galeria de arte no quarto das crianças esticando um barbante de um lado ao outro da parede e pendurando ilustrações ou recortes de revista com clipes de papel. É uma boa maneira de incentivar desde cedo o interesse por belas imagens.
54. É útil manter um departamento de achados e perdidos em casa. Reserve uma prateleira ou gaveta funda para colocar todos os objetos perdidos, de luvas a isqueiros. Assim ninguém precisa ficar procurando o que perdeu e a bagunça fica em um único lugar.
55. Ao levar um presente a um chá de bebê, é uma boa ideia embrulhá-lo em uma fralda de pano e prendê-la com alguns alfinetes de fraldas coloridos.
56. Você pode remover manchas de ferrugem da pia ou da banheira esfregando-as com um pouco de querosene.
57. Se alguma coisa pegar fogo no forno, jogue bastante sal ou bicarbonato de sódio sobre ela. Isso vai acabar com as chamas e com a fumaça imediatamente.
58. Se você estiver usando uma máquina de escrever barulhenta enquanto alguém tenta dormir no quarto ao lado, colo-

que uma toalha de banho dobrada sob a máquina. Ela vai ficar mais silenciosa.

59. Quando você estiver pronta para sair e reparar que a barra da calça está se soltando, conserte-a temporariamente com fita adesiva. É mais fácil que usar alfinetes.
60. Coloque uma fita fosforescente ao redor do cabo de sua lanterna. Assim, você conseguirá vê-la facilmente no escuro, que é quando precisa dela.
61. Se você virar as pontas dos cabides de arame para cima, suas camisolas e vestidos de alça não cairão mais.
62. Suas agulhas de costura correrão mais facilmente e nunca enferrujarão se você as mantiver enfiadas em uma barra de sabonete dentro da caixa de costura.
63. Ao cozinhar ovos com casca, coloque 1 colher (chá) cheia de sal na água. Assim as cascas não quebrarão.
64. E, falando em sal, nunca coloque o dobro desse ingrediente ao dobrar uma receita. Coloque metade da quantidade a mais e prove.
65. Guarde seus temperos em ordem alfabética na prateleira e coloque-os sempre de volta no lugar.
66. Se um cobertor ou manta estiver curto demais, costure alguns centímetros de cetim na barra para poder esticá-lo sobre o colchão.
67. Um bastidor é útil para remover manchas com água fervente. Ele vai manter o tecido esticado enquanto você o molha.
68. Quando móveis de madeira escura estiverem arranhados, esfregue uma noz partida no risco. Isso devolverá a cor à madeira.
69. Você pode remover cera de vela da madeira com facilidade usando fluido de isqueiro em um pano macio.
70. Se você quiser apenas o sabor do alho num ensopado, coloque o dente de alho dentro de um infusor de chá. Assim você poderá encontrá-lo e retirá-lo com facilidade.

71. Você pode usar esmalte de unhas incolor como cola de emergência.
72. Adicione 1 colher (sopa) de óleo de cozinha ou margarina à água em que for cozinhar macarrão, assim ela não transbordará.
73. Se parecer que o creme de leite não vai virar chantilly, adicione 3 ou 4 gotas de suco de limão ou um pouco de gelatina em pó sem sabor. Provavelmente dará certo.
74. Saquinhos de sapatos são úteis para muitas outras coisas. Você pode pendurar um atrás da porta do armário para guardar lustra-móveis, flanelas etc. E, quando for viajar com a família, pode pendurar outro atrás do banco do carro para guardar brinquedos, lenços de papel, mapas, óculos escuros etc.
75. Você sempre vai encontrar seu carro rapidamente – na rua ou em um estacionamento imenso – se amarrar uma flâmula colorida na antena.

13

Conversa de cozinheira

OU COMO FALAR COMO UMA ESPECIALISTA

De vez em quando, você vai se pegar em uma situação em que terá de falar sobre culinária. Geralmente, você estará sentada com outras mulheres e não terá como fugir.

Na verdade, seus dotes culinários são algo muito pessoal, assim como sua vida sexual, e não deveriam ser discutidos em público. Mas, em geral, as mulheres que adoram cozinhar também adoram falar sobre isso, e, se você não quiser passar vergonha, precisa se lembrar de vários pontos.

Por exemplo, palavras.

Nunca diga "fritar" se não quiser dizer "fritar por imersão em óleo". Você pode dizer:

"dourar"
"grelhar"
"saltear"
"dourar na manteiga"
"refogar na manteiga"

ou pode dizer ainda "cozinhar *à la poêle*", um termo francês que significa "cozinhar em manteiga em baixa temperatura de modo que o alimento esteja cozido antes de começar a dourar". Mas "fritar" significa o modo como você faria donuts, caso já tivesse feito, o que nunca fez porque sabe onde comprar donuts deliciosos prontos.

(É claro que atendentes de lanchonete geralmente não conhecem essas diferenças, e, se você pedir seu ovo salteado, ou cozido *à la poêle*, não há como saber que tipo de ovo vai receber. Mas você não está em uma lanchonete.)

Da mesma forma, se você puder evitar, não diga "cebolas". Diga "chalotas", mesmo sem jamais ter visto uma. Isso agrega valor a uma receita simples. (O mesmo vale para "filé" em vez de "bife". Nunca diga "bife", ainda que queira dizer isso mesmo.) Você vai estar a salvo se alguém questionar a história das chalotas, porque "chalota" é uma cebola pequena, uma espécie de parente exótico e distante da cebola comum, então não se preocupe.

Outro termo é "xerez para cozinhar". Diga apenas "xerez". Na verdade, o xerez para cozinhar é perfeito para seus modestos propósitos na maioria dos pratos quentes. E sai mais barato também, porque você não bebe enquanto cozinha, além de fazê-la economizar no sal. Mas estou avisando: os gourmets ficarão indignados. E, aproveitando, dê uma olhada na seguinte lista resumida:

Palavras feias	**Palavras bonitas**
pururuca	crocante
quente	escaldante

gelado	resfriado
colocar no forno	levar ao forno
fica gostoso com...	harmoniza com...
marrom-claro	dourado
bem cozido	firme
comida que satisfaz	refeição substanciosa
cubra com bacon	finalize com pedaços crocantes de bacon

Isso, felizmente, nos leva a outro departamento relacionado. Você não imagina como é difícil organizar um livro de receitas, com todas as coisas diferentes que ele contém. Da próxima vez, vou escrever uma história de faroeste com apenas um cavalo e um herói.

No entanto, o departamento em que nos encontramos é o de DECORAÇÕES SOFISTICADAS, e aqueles toques festivos exclusivamente seus. São aquelas coisas que você vê em livros de receitas e revistas que a fazem pensar: *Que ótima ideia. Preciso fazer isso!* Mas você nunca se lembra de fazer.

Bem, aqui estão elas novamente. Mas devo enfatizar que as coisas que parecem festivas para nós, que odiamos cozinhar, podem ser sem graça para quem adora cozinhar. Quem detesta cozinhar não costuma estar atento a detalhes relacionados à comida e à culinária. Além disso, você se impressiona com facilidade e, se um dia fizer algo tão ousado quanto deixar uma fatia de limão boiando em uma sopa de feijão preto, você vai falar sobre isso por semanas.

Bem, uma fatia de limão não é a única coisa que boia na sopa.

Temos pipoca. Pipoca simples ou com queijo. Deixa o prato bonito e é mais fácil de fazer que croûtons. E temos nozes, pecãs ou amêndoas torradas e picadas, que ficam ótimas em sopas de frango ou salsão. Temos também salsão cru picado, ou pimentão verde, ou cebolinhas, para qualquer tipo de sopa que precise de mais textura.

Depois temos as decorações sofisticadas em geral.

Por exemplo, com qualquer tipo de melão, você pode servir uma tigela de gengibre cristalizado picado ou gengibre em pó.

Você pode, ainda, decorar praticamente qualquer carne, quente ou fria, com fatias de pêssego com chutney. Pincele metades de pêssego fresco ou em calda com manteiga derretida, coloque-as no forno a 180° C por 10 minutos, depois encha as metades com chutney e aqueça por *mais* 5 minutos.

E, para decorar peixe, você pode mergulhar pequenos cachos de uvas verdes sem sementes em suco de limão ou clara de ovo e, em seguida, em açúcar cristal. Deixe-os secar sobre uma grade e espalhe-os ao redor da travessa.

Depois, caso tenha comprado tortas de frango congeladas, você pode cobri-las com amêndoas (sem torrar, pois isso acontecerá enquanto as tortas assam) antes de levá-las ao forno.

Caso tenha feito a tolice de servir queijo em cubinhos como aperitivo, você pode enfiar palitinhos salgados neles, em vez de palitos de dente. Assim tudo será consumido, e você não ficará com os cinzeiros cheios de palitos de dente.

E, por falar em aperitivos, é bom ter uma pilha de pratinhos de metal em casa. Não estou pensando nos convidados, mas em você. Quando alguém tenta segurar uma bebida, um cigarro e um canapé ao mesmo tempo, o sofá pode acabar sofrendo as consequências. Os pratos de metal não quebram e parecem algo especial e festivo.

Este é um bom momento para falar brevemente sobre os aspectos festivos do departamento de *recipientes*, ou dos utensílios que você usa para *servir* as coisas. Por exemplo, uma anfitriã inteligente serve biscoitos em taças de conhaque! Isso deixaria o pote de biscoitos à disposição para servir o conhaque, mas ela deve querer mesmo uma festa animada.

Você pode usar copos altos de cerveja para servir parfait. Ou taças médias de conhaque. Ou taças comuns de água. A única coisa que exige cuidado nesse caso é se certificar de que você tem um jogo completo de copos e taças, além daqueles que usará para servir o parfait. Caso contrário, você vai parecer muito corajosa.

Temos ainda os anéis para guardanapos. Uma pessoa comum coloca guardanapos dentro deles, mas a anfitriã inteligente tampa um dos lados e os usa como cinzeiros. Ou, em vez de servir licor nas taças de licor, ela coloca uma ou duas flores pequenas dentro delas e as coloca entre os pratos, em vez de usar um arranjo floral de centro. É claro que isso vai ocupar todas as taças de licor, mas podemos supor que ela servirá café irlandês.

No entanto, essa é uma área ampla demais para cobrir no pequeno espaço aqui disponível. Resumindo: quando você estiver procurando alguma coisa para colocar algo dentro, pense em usar um objeto *improvável* – geleia em suportes para ovos, flores no penico, morcegos na gaiola de pássaros – e *use-o*.

Então, voltemos a falar de comida e de conversas sobre comida. Existem cinco palavrinhas úteis para lembrar: É CLARO QUE EU SEMPRE... Essa é a sua abertura para quando você quer impressionar. Nunca exclame: "Meninas! Eu fiz algo dificílimo outro dia e ficou maravilhoso! Eu fiz..." Não! Você minimiza o esforço com: "É claro que eu sempre misturo mostarda em pó com vinho branco", e, se estiver no meio de pessoas que acreditam em tudo, pode substituir o vinho branco por champanhe, pois isso é muito apreciado em determinados círculos aos quais não pertenço.

O mais importante é lembrar destas cinco palavrinhas: É CLARO QUE EU SEMPRE...

- adiciono ¼ de xícara de sementes de gergelim ao meu molho de sálvia e cebola para frango.

- coloco pedacinhos de chocolate na xícara para dar mais sabor ao café.
- passo peixe e bistecas em mistura para panquecas antes de grelhá-los.
- pincelo filés ou bistecas com molho de soja antes de dourá-los na manteiga.
- adiciono estragão ou segurelha aos ovos mexidos.
- adiciono um pouco de orégano ao alho em meu pão de alho.
- adiciono um pouco de cerefólio à mistura para pães.
- adicione um pouco de conhaque à minha torta de abóbora.
- coloco um pouco de raspas de casca de laranja em meu molho de amora.
- misturo salsinha picada, um pouco de suco de limão e manteiga e passo sobre filés grelhados.
- coloco um pouco de vinho tinto na sopa de cebola.

Agora, há mais uma coisa que precisamos considerar neste capítulo: A ESPECIALIDADE.

Hoje em dia é importante ter uma especialidade, porque nunca se sabe quando você pode acordar e descobrir que é uma celebridade. Talvez você tenha sido a bilionésima pessoa a atravessar o túnel Holland, ou talvez tenha tido dez filhos em dois anos, todos quíntuplos. Não importa. Os repórteres estarão por perto, e a segunda coisa que perguntarão, depois de suas medidas, é a sua especialidade na cozinha. Você deve a si mesma e a seu público ter alguma coisa na manga além de sanduíches de atum.

> *A srta. Sugar Belle, 94-55-89, estrela do atual sucesso da Broadway* Rolando pela chuva em um barril, *escritora, produtora e estrela de seu próprio programa de TV diário, autora do* best-seller Viva eu!, *esposa do belo tenor Vic Ricotta e mãe de quatro adolescentes, foi entrevistada na sala de costura de sua fazenda em Connecticut.*

"Eu sempre crio e produzo minhas próprias roupas", ela disse a este repórter, "e também crio bedlingtons e faço todos os reparos elétricos de casa."

"Mas, ocupada como é, srta. Belle", nós a questionamos, "como faz para deixar aquele seu marido forte e atraente feliz?"

Sugar Belle deu aquela famosa piscadela de Sugar Belle, levantou-se e foi até a cozinha.

"Ora, queridinho", ela disse, "eu simplesmente faço para ele algumas de minhas tortinhas de geleia!"

TORTINHAS DE GELEIA

- ✓ 130 g de cream cheese
- ✓ ½ xícara (chá) de manteiga
- ✓ 1 xícara (chá) de farinha de trigo
- ✓ Geleia ou compota de frutas

Sugar Belle derrete a manteiga, mistura com o cream cheese e adiciona a farinha de trigo para formar uma massa lisa. Depois, coloca a massa no freezer por cerca de 1 hora, até firmar. Em seguida, pega pedacinhos da massa do tamanho de bolas de pingue-pongue, abre-os formando quadrados e coloca 1 colher (chá) de geleia em cada um. (Se quiser saber por que Sugar Belle não abre a massa toda de uma vez e a corta em quadrados, é porque assim a massa fica difícil de trabalhar.) Depois, ela dobra os quadradinhos formando triângulos, lacra as bordas com um garfo passado na farinha e os leva ao forno, em assadeira untada, a 200° C até dourarem, de 10 a 15 minutos. E, quando ela coloca um prato cheio dessas tortinhas na frente do marido, você precisa ver só a felicidade dele!

A receita de sua especialidade não precisa ser complicada. Na verdade, é melhor que não seja, porque sempre há a possibilidade de você ter que demonstrar como se faz. Ela só precisa ser boa e um pouco interessante, só isso. Qualquer uma das quatro receitas a seguir também serviria perfeitamente.

BOLINHOS DE CENTEIO DA SUGAR BELLE

(Acredite, toda a família de Sugar Belle acorda cedo para comer estes bolinhos.)

- ✓ 1 ovo
- ✓ 1 colher (chá) de bicarbonato de sódio
- ✓ 1 xícara (chá) de buttermilk (ou misture 1 xícara (chá) de leite com 1 colher (sopa) de suco de limão e deixe descansar por 10 minutos em temperatura ambiente)
- ✓ 1 xícara (chá) de farinha de centeio
- ✓ ½ xícara (chá) de farinha de trigo
- ✓ 1 pitada de sal
- ✓ Óleo para fritar

Ela bate o ovo com entusiasmo. Depois mistura o bicarbonato com o buttermilk até borbulhar. Em seguida, adiciona essa mistura ao ovo, peneira as farinhas e o sal e junta tudo. Por fim, derrama uma colher da massa no óleo quente e deixa as porções flutuarem no óleo até dourar. Depois, serve os bolinhos com manteiga e separa potinhos individuais com xarope de bordo para mergulhá-los.

Quando Sugar Belle recebe diretores e escritores famosos para um jantar íntimo depois do espetáculo, ela adora servir:

CHAMPIGNONS COM CREME AZEDO DA SUGAR BELLE

4 a 5 porções

- ✓ 4 xícaras (chá) de champignons em fatias grossas
- ✓ 3 colheres (sopa) de manteiga
- ✓ 1 xícara (chá) de creme azedo (ou coalhada, ou iogurte natural)
- ✓ Sal e pimenta-do-reino

Ela refoga os champignons na manteiga em uma frigideira. Quando eles estão quase macios, acrescenta o creme azedo e cozinha tudo lentamente, em fogo baixo, senão o creme pode talhar e envergonhá-la demais. Quando o molho engrossa, ela adiciona sal e pimenta-do-reino e serve sobre torradas.

Sugar Belle também adora fazer geleias; ainda bem, porque com todos aqueles filhos em fase de crescimento...

GELEIA DE DAMASCO E BANANA DA SUGAR BELLE

- ✓ 6 xícaras (chá) de damascos frescos amassados
- ✓ 1¼ xícara (chá) de bananas amassadas
- ✓ 14 xícaras (chá) de açúcar
- ✓ 1 pitada de sal
- ✓ 1 colher (sopa) de manteiga
- ✓ 1 garrafa de pectina líquida
- ✓ suco de 1 laranja e de 1 limão, se quiser uma geleia mais rala

Ela cozinha as frutas, o açúcar e o sal até levantar fervura e deixa ferver por 1 minuto, sem parar de mexer. Depois adiciona a manteiga, tira a panela do fogo, adiciona a pectina líquida e remove a espuma da superfície. Então, coloca a geleia em potes e veda bem.

Ela tem mais uma especialidade, sobre a qual falará por horas, se você permitir. Ela diz que fica bom sozinho e maravilhoso com churrasco de carne, frango ou bisteca. Ela o chama de:

ARROZ COM QUEIJO E ESPINAFRE

6 porções

- ✓ 4 ovos
- ✓ 1 xícara (chá) de leite
- ✓ 2 colheres (sopa) de cebola picada
- ✓ 1 colher (sopa) de molho inglês
- ✓ 2 colheres (chá) de sal
- ✓ 1 pitada de tomilho
- ✓ 1 pitada de manjerona
- ✓ 450 g de queijo cheddar ralado
- ✓ 450 g de espinafre cozido e picado
- ✓ 4 xícaras (chá) de arroz cozido
- ✓ ¼ xícara (chá) (ou 50 g) de manteiga derretida

Ela bate os ovos até ficarem leves. Depois adiciona o leite e todos os temperos. Por fim, mistura o queijo, o espinafre e o arroz e coloca tudo numa travessa untada. Em seguida, espalha a manteiga derretida por cima, leva para assar a 180° C por 35 minutos e tira o avental.

Agora entenda uma coisa: você e Sugar Belle não precisam *fazer* essas coisas de verdade. A menos que esteja encurralada, você só precisa *falar* sobre preparar essas receitas. Porque, embora elas sejam boas e fáceis, ainda dá mais trabalho fazê-las do que não fazê-las. E você não vai ferir meus sentimentos se não fizer. Eu vou entender.

Eu nunca meto o nariz no mingau alheio.
Não é o meu ganha-pão;
cada um por si, e Deus por todos nós.

– Miguel de Cervantes

Equivalências e afins

OU DETALHES CHATOS QUE VOCÊ NÃO TEM A MENOR INTENÇÃO DE DECORAR

Existem muitas coisas mais interessantes para lembrar do que informações como as seguintes. Então, lembre apenas que você pode encontrá-las aqui e consulte estas páginas quando necessário.

O que equivale a quê?

- 3 colheres (chá) = 1 colher (sopa)
- ¼ xícara (chá) = 4 colheres (sopa)
- ⅓ xícara (chá) = 5 colheres (sopa) + 1 colher (chá)
- 1 xícara (chá) = 240 ml

- 2 xícaras (chá) = 480 ml
- 4 xícaras (chá) = 960 ml
- 3 ovos pequenos = 2 ovos grandes
- 1 quadrado de chocolate = 30 g
- 100 g de manteiga = ½ xícara (chá)
- 450 g de gordura vegetal = 2½ xícaras (chá)
- 1 limão médio = 3 colheres (sopa) de suco
- 1 laranja média = 6 a 8 colheres (sopa) de suco
- Casca ralada de 1 laranja = 1 colher (sopa)

O que substitui o quê?*

- 3½ colheres (sopa) de chocolate em pó + 1 colher (sopa) de gordura ou óleo = 1 quadrado de chocolate amargo
- 1½ colher (sopa) de vinagre (ou suco de ½ limão médio) + creme de leite suficiente para completar 1 xícara (chá) (deixe descansar por alguns minutos) = 1 xícara (chá) de creme azedo
- 1 xícara (chá) de leite evaporado puro + 1 colher (sopa) de vinagre (deixe descansar por alguns minutos) = 1 xícara (chá) de creme azedo
- ½ xícara (chá) de leite evaporado + ½ xícara (chá) de água + 1 colher (sopa) de vinagre (deixe descansar por alguns minutos) = 1 xícara (chá) de buttermilk ou coalhada
- 1 ou 2 colheres (sopa) de vinagre + leite suficiente para completar a xícara (deixe descansar por alguns minutos) = 1 xícara (chá) de buttermilk ou coalhada
- 1 colher (chá) de bicarbonato de sódio + 2 colheres (chá) de cremor tártaro + 1 colher (chá) de amido de milho = fermento em pó (use 2 colheres (chá) por xícara (chá) de farinha de trigo)
- 1 xícara (chá) de gordura vegetal hidrogenada + ½ colher (chá) de sal = 1 xícara (chá) de manteiga (apenas para massa assadas)

---

* Essas são substituições de emergência. O produto final não ficará tão bom quanto se você usar o que a receita pede, mas ficará adequado.

- 1 xícara (chá) de farinha de trigo peneirada – 2 colheres (sopa) = 1 xícara (chá) de farinha especial para bolo

Ingredientes complicados em geral

- 1 xícara (chá) de arroz cru = cerca de 3½ xícaras (chá) de arroz cozido
- 1 xícara (chá) de arroz selvagem cru = 3½ a 4 xícaras (chá) de arroz selvagem cozido
- Macarrão seco dobra de volume
- Macarrão instantâneo aumenta apenas um terço
- 570 g de nozes com casca = cerca de 2 xícaras (chá) de nozes picadas
- 2 xícaras (chá) de queijo ralado, bem compactado na xícara = 230 g
- 1 xícara (240 ml) de creme de leite fresco = cerca de 2¼ xícaras (chá) de chantilly

Sobre latas

A regra geral é a seguinte: seja qual for o tamanho da lata que a receita pedir, você não vai encontrar. Portanto, é bom saber a *quantidade* que cada tamanho de lata contém.

- 1½ a 2 latas comuns de atum (170 a 200 g) = pouco menos de 1 xícara (chá)
- 1 lata comum de sopa (300 a 340 g) = cerca de1 ¼ xícara (chá)
- Lata maior, com cerca de 450 g, variando em 30 g para mais ou para menos = cerca de 2 xícaras (chá)
- Lata ainda maior, 800 g = cerca de 3½ xícaras (chá)

Índice

markgraph

Rua Aguiar Moreira, 386 - Bonsucesso
Tel.: (21) 3868-5802 Fax: (21) 2270-9656
e-mail: markgraph@domain.com.br
Rio de Janeiro - RJ